QUEM PODE VOAR?
ESTAVAM DOIS MERCADOS VOANDO QUANDO UM DELES DISSE:
— ESPERE AÍ, MERCADO NÃO VOA!
NA MESMA HORA, ELE CAIU NO CHÃO, MAS O OUTRO CONTINUOU VOANDO. SABE POR QUÊ?
PORQUE ELE ERA UM SUPERMERCADO!

NA ESCOLA
A PROFESSORA PERGUNTA PARA OS ALUNOS:
— QUEM QUER IR PARA O CÉU?
TODOS LEVANTAM A MÃO, MENOS O JOÃOZINHO.
— VOCÊ NÃO QUER IR PARA O CÉU, JOÃOZINHO?
— QUERO, PROFESSORA. MAS A MINHA MÃE DISSE QUE DEPOIS DA AULA ERA PARA EU IR DIRETO PARA CASA!

GEOGRAFIA
A MÃE PERGUNTA:
— FILHO, O QUE VOCÊ ESTÁ ESTUDANDO?
— GEOGRAFIA, MAMÃE.
— ENTÃO ME DIGA: ONDE FICA A INGLATERRA?
— NA PÁGINA 83.

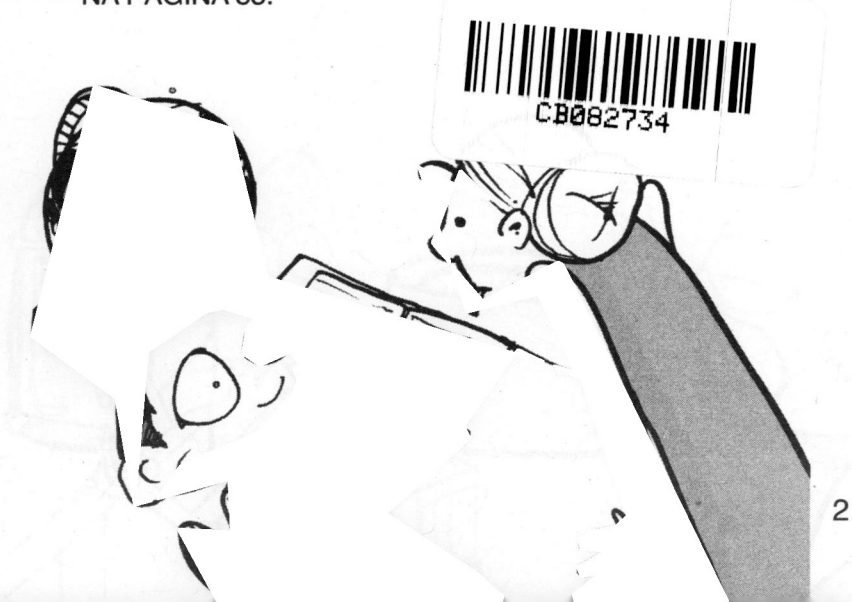

FILHO CAÇULA

A MÃE PERGUNTA AO FILHO PEQUENO:
— FILHO, VOCÊ PREFERE GANHAR UM IRMÃOZINHO OU UMA IRMÃZINHA?
— PUXA, MÃE, SERÁ QUE NÃO DAVA PARA SER UMA BICICLETA?

SOCORRO, UM GATO!

ALÔ! É DA POLÍCIA? TEM UM GATO QUERENDO ME MATAR!
— COMO? DESCULPE, SENHOR, MAS ISSO É IMPOSSÍVEL!
— IMPOSSÍVEL?! ELE ESTÁ QUASE ME ATACANDO!
— QUEM ESTÁ FALANDO?
— É O PAPAGAIO!

QUANTO CUSTA?

UMA MULHER CHEGOU NA PADARIA E PERGUNTOU:
— QUANTO É O CAFEZINHO?
O BALCONISTA RESPONDEU:
— UM REAL.
— E O AÇÚCAR?
— É DE GRAÇA.
— AH, ENTÃO ME DÊ DOIS QUILOS DE AÇÚCAR.

O LOUCO E O PINGUIM

O LOUCO ACORDA DE MANHÃ E ENCONTRA UM PINGUIM NO QUINTAL. O VIZINHO DO LOUCO, QUE ESTAVA ESPIANDO PELO MURO, FAZ UMA SUGESTÃO:
— POR QUE VOCÊ NÃO LEVA O PINGUIM PARA O ZOOLÓGICO?
— BOA IDEIA! VOU LEVAR.
NO DIA SEGUINTE, O VIZINHO ENCONTRA O LOUCO COM O PINGUIM NO COLO.
— UÉ!? VOCÊ NÃO LEVOU O PINGUIM PARA O ZOOLÓGICO?
— LEVEI, SIM. HOJE VOU LEVÁ-LO AO PARQUE DE DIVERSÕES E AMANHÃ VAMOS AO SHOPPING CENTER.

FOME DE LEÃO

O LEÃO ESTAVA COM FOME E RESOLVEU LIGAR PARA UMA PIZZARIA:
— POR FAVOR, EU QUERO UMA PIZZA DE ZEBRA.
— SENHOR, NÃO EXISTE ESSE TIPO DE PIZZA.
— ENTÃO, TRAGA UMA DE ANTÍLOPE BEM GRANDE.
— ESSA TAMBÉM NÃO EXISTE.
— ENTÃO TRAGA UMA DE CALABRESA MESMO, MAS COM UM ENTREGADOR BEM GORDINHO.

CARTA NO HOSPÍCIO
O LOUCO RECEBE UMA CARTA NO HOSPÍCIO.
OS OUTROS LOUCOS SE APROXIMAM PARA VER O QUE É. O LOUCO ABRE O ENVELOPE E RETIRA UMA FOLHA DE PAPEL EM BRANCO. AO VER AQUILO, DIZ:
— É DO MEU IRMÃO. NÓS NÃO ESTAMOS NOS FALANDO.

ENXERGANDO LONGE
DOIS MENTIROSOS CONVERSAVAM NA PRAÇA:
— VOCÊ CONSEGUE ENXERGAR AQUELE MOSQUITO LÁ NO ALTO DA TORRE DA IGREJA?
— QUAL? O QUE ESTÁ SENTADO OU O QUE ESTÁ EM PÉ?

ENGANO AO TELEFONE
UM HOMEM LIGA PARA A DELEGACIA E DIZ:
— POR FAVOR, EU QUERIA FALAR COM O DELEGADO.
— PODE FALAR, É O PRÓPRIO.
— OI, PRÓPRIO. TUDO BEM? CHAMA O DELEGADO PARA MIM?

A MÚMIA
O GUIA EXPLICA PARA OS VISITANTES DO MUSEU:
— ESTA MÚMIA AQUI TEM 10 MIL ANOS, 3 MESES E 20 DIAS.
— COMO O SENHOR PODE SABER COM TANTA EXATIDÃO?
— É SIMPLES. QUANDO EU COMECEI A TRABALHAR AQUI, A MÚMIA TINHA 10 MIL ANOS.

QUANTOS MOSQUITOS!

UM MENINO CHAMOU O PAI NO MEIO DA NOITE E DISSE:
— TEM MUITOS MOSQUITOS NO MEU QUARTO.
— APAGUE A LUZ QUE ELES VÃO EMBORA.
LOGO DEPOIS, APARECEU UM VAGA-LUME.
O MENINO CHAMOU O PAI OUTRA VEZ:
— PAI, SOCORRO! OS MOSQUITOS ESTÃO VINDO COM LANTERNAS.

QUE COCEIRA!

A TIA PERGUNTA AO SOBRINHO:
— MENINO, POR QUE VOCÊ ESTÁ COÇANDO TANTO A CABEÇA?
— É POR CAUSA DE UM PIOLHO MORTO.
— UM PIOLHO MORTO FAZ VOCÊ SE COÇAR TANTO ASSIM?
— É QUE OS PARENTES VIERAM PARA O VELÓRIO!

UM MENOS UM

A PROFESSORA PERGUNTOU PARA O ALUNO:
— VOCÊ SABE QUANTO É UM MENOS UM?
— NÃO SEI, PROFESSORA.
— VOU DAR UM EXEMPLO: FAZ DE CONTA QUE EU TENHO UM ABACATE. SE EU O COMER, O QUE É QUE FICA?
— O CAROÇO, ORAS.

LOUCOS NA HORA DO LANCHE
DOIS LOUCOS ESTAVAM COMENDO BANANA. ENQUANTO UM DESCASCAVA UMA BANANA, O OUTRO COMIA COM CASCA E TUDO.
— EI, POR QUE VOCÊ NÃO DESCASCA SUA BANANA?
— PRA QUÊ? EU JÁ SEI O QUE TEM DENTRO!

AVENTURA NO DESERTO
TRÊS AMIGOS QUERIAM ATRAVESSAR O DESERTO DO SAARA. UM LEVAVA UM CUBO DE GELO, O OUTRO UM BARRIL DE ÁGUA E O TERCEIRO A PORTA DE UM CARRO.
ELE PERGUNTOU PARA UM DOS DOIS AMIGOS:
— POR QUE VOCÊ VAI LEVAR UM CUBO DE GELO?
— SE EU SENTIR CALOR, ME REFRESCO.
— E POR QUE VOCÊ ESTÁ LEVANDO UM BARRIL DE ÁGUA?
— QUANDO EU SENTIR SEDE, EU BEBO.
— MAS E VOCÊ, PARA QUE A PORTA DO CARRO?
— UÉ! SE FICAR ABAFADO, EU ABRO A JANELINHA.

NO ZOOLÓGICO
UM HOMEM FOI AO ZOOLÓGICO. PASSOU EM FRENTE À JAULA DO LEÃO E LEU A PLACA: "CUIDADO! LEÃO PERIGOSO!" PASSOU EM FRENTE À JAULA DO TIGRE E VIU OUTRA PLACA: "CUIDADO! TIGRE PERIGOSO!" AÍ PASSOU POR UMA JAULA VAZIA, COM UMA PLACA EM QUE ESTAVA ESCRITO: "CUIDADO! TINTA FRESCA!" O HOMEM OLHOU, OLHOU E SAIU CORRENDO, GRITANDO:
— SOCORRO, SOCORRO. A TINTA FRESCA FUGIU!

CARTA DE UM LOUCO
UM LOUCO FALOU PARA OUTRO LOUCO:
— ESCREVI UMA CARTA PARA MIM MESMO.
— O QUE ELA DIZIA?
— COMO É QUE EU VOU SABER? AINDA NÃO RECEBI!

FUGA MALUCA
DOIS LOUCOS ESTAVAM COMBINANDO UM PLANO PARA FUGIR DO HOSPÍCIO. UM DELES FALOU:
— VÁ ATÉ LÁ FORA E VEJA DE QUE TAMANHO É O MURO.
LOGO DEPOIS, O LOUCO VOLTOU E DISSE:
— NÃO VAI DAR PARA EXECUTAR O PLANO.
— POR QUÊ?
— NÃO TEM MURO.

AULA DE CIÊNCIAS
NA AULA DE CIÊNCIAS, A PROFESSORA QUER SABER:
— O QUE ACONTECE COM UM PEDAÇO DE FERRO DEIXADO MUITO TEMPO AO AR LIVRE?
UM DOS ALUNOS RESPONDE:
— ENFERRUJA, PROFESSORA.
— MUITO BEM! E COM UM PEDAÇO DE OURO? O QUE ACONTECE?
— SOME RAPIDINHO!

MENINO TRAVESSO
A MÃE PERGUNTA PARA O FILHO BAGUNCEIRO:
— COMO VOCÊ CONSEGUE FAZER TANTAS TRAVESSURAS EM UM SÓ DIA?
ELE RESPONDE:
— É QUE EU ACORDO CEDO, MAMÃE!

NA ESQUINA
UM GUARDA ESTAVA CORRENDO ATRÁS DE UM LADRÃO. QUANDO O LADRÃO VIROU ESQUINA, O GUARDA O PERDEU DE VISTA E PERGUNTOU PARA UM HOMEM QUE ESTAVA PARADO ALI PERTO:
— POR FAVOR, O SENHOR VIU SE ALGUÉM DOBROU A ESQUINA?
— NÃO SEI, QUANDO CHEGUEI AQUI, ELA JÁ ESTAVA DOBRADA.

PISCINA MALUCA
CONSTRUÍRAM UMA PISCINA NO HOSPÍCIO E OS LOUCOS FICARAM MUITO ALEGRES, BRINCANDO E PULANDO DO TRAMPOLIM.
À NOITE, COMENTARAM COM O MÉDICO:
— AMANHÃ VAI TER MAIS, DOUTOR?
— AMANHÃ VAI SER MELHOR AINDA. A PISCINA VAI ESTAR CHEIA D'ÁGUA.

MATEMÁTICA
A PROFESSORA TENTA ENSINAR MATEMÁTICA A UM DE SEUS ALUNOS.
— SE EU LHE DER QUATRO CHOCOLATES HOJE E MAIS TRÊS AMANHÃ, VOCÊ VAI FICAR COM... COM... COM...
— CONTENTE, PROFESSORA!

AULA DE GRAMÁTICA
A PROFESSORA DIZ AO ALUNO:
— SE EU DIGO "EU ERA BONITA", É PASSADO. SE EU DIGO "EU SOU BONITA", O QUE É?
ELE RESPONDE:
— É MENTIRA.

ALUNA DE SORTE
É DIA DE CHAMADA ORAL E O PROFESSOR PEDE:
— MARIAZINHA, DIGA DOIS PRONOMES.
ELA FICA SURPRESA:
— QUEM, EU?
— MUITO BEM, ACERTOU. PODE SENTAR.

O LOUCO VEM AÍ
UM HOMEM PASSOU PERTO DE UM HOSPÍCIO E UM LOUCO QUE HAVIA FUGIDO COMEÇOU A CORRER ATRÁS DELE. DEPOIS DE TER PERCORRIDO O QUARTEIRÃO INTEIRO, O HOMEM PAROU E PERGUNTOU:
— O QUE VOCÊ QUER DE MIM?
O LOUCO SE APROXIMOU, TOCOU NO HOMEM E DISSE:
— PEGUEI! AGORA ESTÁ COM VOCÊ.

NO LABORATÓRIO
O CIENTISTA FALA PARA UM COLEGA:
— INVENTEI UMA PÍLULA QUE MATA A SEDE.
— NOSSA! E COMO ELA FUNCIONA?
— É SÓ TOMAR A PÍLULA COM DOIS COPOS DE ÁGUA.

AULA DE LITERATURA
O PROFESSOR PERGUNTA PARA A CLASSE:
— O QUE É UMA AUTOBIOGRAFIA?
UM DOS ALUNOS RESPONDE:
— EU SEI, EU SEI! É A HISTÓRIA DA VIDA DE UM CARRO!

CAPA EMPRESTADA
DOIS IRMÃOS SE ENCONTRARAM NA FILA DO CINEMA, NUMA NOITE CHUVOSA. — QUE NEGÓCIO É ESSE DE USAR MINHA CAPA?, DIZ O MAIS VELHO.
O CAÇULA RESPONDE:
— VOCÊ NÃO IA QUERER QUE EU MOLHASSE SEU TERNO NOVO, NÃO É?

ACIDENTE
UM HOMEM ESTAVA INDO PARA O TRABALHO QUANDO UM PASSARINHO BATEU EM SUA MOTO E DESMAIOU.
O MOTOQUEIRO PENSOU: "COITADO! SE ELE FICAR AQUI, VAI MORRER".
E LEVOU O PASSARINHO PARA CASA, COLOCOU-O EM UMA GAIOLA COM ÁGUA, COMIDA E FOI TRABALHAR.
MAIS TARDE, O PASSARINHO ACORDOU, OLHOU EM VOLTA E DISSE ASSUSTADO:
— XI! MATEI O MOTOQUEIRO E FUI PRESO!

A SORTE DO LOUCO

O LOUCO VÊ UMA MÁQUINA DE REFRIGERANTE E FICA MARAVILHADO. COLOCA UMA FICHINHA E CAI UMA LATINHA. COLOCA DUAS FICHINHAS E CAEM DUAS LATINHAS. COLOCA DEZ FICHINHAS E CAEM DEZ LATINHAS. ENTÃO ELE VAI AO CAIXA E PEDE 50 FICHINHAS. O CAIXA COMENTA:
— DESSE JEITO, O SENHOR VAI ACABAR COM AS MINHAS FICHAS!
— NÃO VOU PARAR ENQUANTO ESTIVER GANHANDO.

PAI CORUJA

UM PAI, EMPOLGADO COM O NASCIMENTO DE SEU PRIMEIRO FILHO, DIZ A UM AMIGO:
— ELE TEM OS MEUS OLHOS, A MINHA BOCA E UM QUEIXO IGUALZINHO AO MEU.
— NÃO SE PREOCUPE. COM O TEMPO, ELE MELHORA!

FAZENDO CONTA

PROFESSORA, A SENHORA É ESPERTA?
— SIM.
— UM MAIS UM É IGUAL A DOIS, CERTO?
E DOIS MAIS DOIS É IGUAL A QUATRO, CERTO?
ELA RESPONDEU:
— CERTO.
— QUAL FOI A PRIMEIRA PERGUNTA QUE EU FIZ?
— QUANTO É UM MAIS UM, ORA!
— NÃO, ERROU. EU PERGUNTEI:
"A SENHORA É ESPERTA?".

ALUNO CHORÃO
DEPOIS DE TIRAR UMA NOTA BAIXA, O ALUNO COMEÇOU A CHORAR.
A PROFESSORA DISSE:
— NÃO CHORE. VOCÊ É UM GAROTO MUITO BONITO E SE CONTINUAR CHORANDO VAI FICAR FEIO QUANDO CRESCER.
ELE RESPONDEU:
— ENTÃO, A SENHORA DEVE TER CHORADO MUITO QUANDO ERA MENINA, NÃO É MESMO?

PIADA DESCONHECIDA
O MENINO PERGUNTOU AO PAI:
— O SENHOR CONHECE A PIADA DO VIAJANTE?
— NÃO CONHEÇO.
— AH! QUANDO ELE VOLTAR, EU CONTO.

PEDIDO IMPOSSÍVEL
A MÃE PEGA O FILHO REZANDO.
— FILHO, ESTÁ REZANDO PARA QUÊ?
— PARA O RIO AMAZONAS IR PARA O ESTADO DE GOIÁS.
— IMPOSSÍVEL. O RIO JÁ TEM SEU LUGAR CERTO.
— MAS FOI ISSO QUE EU ESCREVI NA PROVA DE GEOGRAFIA.

LOUCO EM FUGA
UM LOUCO SAIU DO HOSPÍCIO, PAROU UM TÁXI E PERGUNTOU AO MOTORISTA:
— O SENHOR ESTÁ LIVRE?
— ESTOU.
— ENTÃO, VIVA A LIBERDADE!

NAMORADO SINCERO
A NAMORADA PERGUNTOU PARA O NAMORADO:
— O QUE VOCÊ PREFERE: UMA MULHER BONITA OU UMA MULHER INTELIGENTE?
— NENHUMA DAS DUAS. VOCÊ SABE QUE EU SÓ GOSTO DE VOCÊ.

NO DIA DAS MÃES
A PROFESSORA PEDIU PARA OS ALUNOS ESCREVEREM UMA REDAÇÃO QUE TIVESSE A FRASE "MÃE TEM UMA SÓ"! CADA UM FEZ O SEU TEXTO. UNS ELOGIAVAM AS MÃES, OUTROS CONTAVAM UMA HISTÓRIA, TODOS USANDO A FRASE DE UM JEITO CARINHOSO.
SÓ FALTAVA CONHECER A REDAÇÃO DO JOÃOZINHO E ELE COMEÇOU A LER:
— TINHA UMA FESTA LÁ EM CASA. MINHA MÃE PEDIU PARA EU BUSCAR DUAS GARRAFAS DE REFRIGERANTE NA COZINHA. EU ABRI A GELADEIRA E FALEI: "MÃE, TEM UMA SÓ!"

CONFUSÃO ENTRE VIZINHOS
O VIZINHO IRRITADO RECLAMA COM A VIZINHA:
— QUER FAZER O FAVOR DE PEDIR AO SEU FILHO QUE PARE DE ME IMITAR?
A MULHER FALA PARA O FILHO:
— EU JÁ DISSE PARA VOCÊ PARAR DE BANCAR O BOBO.

PARA NÃO ROER UNHA
DUAS AMIGAS SE ENCONTRAM NA RUA E UMA FALA PARA A OUTRA:
— ATÉ QUE ENFIM, CONSEGUI ACABAR COM O VÍCIO DO MEU PAI DE ROER AS UNHAS.
— E COMO VOCÊ FEZ ISSO?
— FOI FÁCIL. ESCONDI A DENTADURA DELE.

ARMÁRIO PESADO
UM AMIGO VÊ O OUTRO CARREGANDO UM ARMÁRIO NAS COSTAS.
— EI, VOCÊ FICOU MALUCO? ESSE ARMÁRIO É MUITO PESADO. É PRECISO DUAS PESSOAS PARA CARREGÁ-LO.
— MAS NÓS ESTAMOS EM DOIS. O MEU CUNHADO ESTÁ AQUI DENTRO SEGURANDO OS CABIDES.

NO CONSULTÓRIO
O MÉDICO PERGUNTA AO PACIENTE:
— O SENHOR TOMOU O REMÉDIO QUE EU RECEITEI?
— IMPOSSÍVEL, DOUTOR. O VIDRO TINHA UM RÓTULO QUE DIZIA "CONSERVE FECHADO".

SURPRESA
UM RAPAZ CONHECEU UMA MOÇA MUITO BONITA E QUIS FAZER UMA SURPRESA PARA ELA. LEVOU A MOÇA PARA ADMIRAR A CIDADE DO TOPO DE UMA MONTANHA E DISSE:
— OLHA COMO É BONITO LÁ EMBAIXO!
— AH! MAS SE É TÃO BONITO LÁ EMBAIXO, POR QUE VOCÊ ME TROUXE AQUI EM CIMA?

O BALÉ
A FILHA PERGUNTA PARA O PAI:
— E ENTÃO? COMO FOI O BALÉ QUE O SENHOR E A MAMÃE VIRAM ONTEM?
—AH! OS BAILARINOS ERAM MUITO EDUCADOS. VIRAM QUE EU ESTAVA DORMINDO E DANÇARAM O TEMPO TODO NA PONTINHA DOS PÉS.

VENDEDOR INSISTENTE

UM VENDEDOR AMBULANTE CHAMA A DONA-DE-CASA ATÉ O PORTÃO E OFERECE:
— MINHA SENHORA, TENHO AQUI LINHAS, AGULHAS, ALFINETES, PRESILHAS, ZÍPERES, PENTES, ESCOVAS, GRAMPOS...
— NÃO PRECISO DE NADA DISSO! JÁ TENHO TUDO!
MAS O VENDEDOR NÃO ACEITA DESCULPAS:
— ENTÃO, QUE TAL COMPRAR ESTE LIVRO DE ORAÇÕES PARA AGRADECER A DEUS POR NÃO FALTAR NADA PARA A SENHORA?

O ÔNIBUS CERTO

UM TURISTA PERGUNTA PARA UM SENHOR QUE PASSA NA RUA:
— POR FAVOR, QUE ÔNIBUS DEVO TOMAR PARA CHEGAR À PRAIA?
— É FÁCIL! TOME O 111.
HORAS DEPOIS, O MESMO SENHOR PASSA POR ALI E ENCONTRA O TURISTA NO MESMO LUGAR.
— AINDA ESTÁ ESPERANDO O ÔNIBUS?
— O SENHOR NÃO DISSE PARA EU TOMAR O 111? POIS, ENTÃO, ATÉ AGORA, EU JÁ CONTEI 87!

PESCARIA MALUCA
O LOUCO ESTÁ SENTADO EM UM BANQUINHO, SEGURANDO UMA VARA DE PESCAR MERGULHADA EM UM BALDE COM ÁGUA.
O MÉDICO DO HOSPÍCIO PASSA E PERGUNTA:
— O QUE VOCÊ ESTÁ PESCANDO?
— OTÁRIOS, DOUTOR.
— JÁ PEGOU ALGUM?
— O SENHOR É O QUARTO!

ALUNO DESATENTO
A PROFESSORA PEDE AO ALUNO QUE NÃO ESTAVA PRESTANDO ATENÇÃO NA AULA:
— DIGA UMA PALAVRA QUE COMECE COM A LETRA D.
— ONTEM, PROFESSOR!
— QUER DIZER QUE ONTEM COMEÇA COM D?
— COMEÇA, SIM, PROFESSORA. ONTEM FOI DOMINGO.

O PREGUIÇOSO
DE TANTO VER O FILHO DEITADO NO SOFÁ ASSISTINDO À TELEVISÃO, O PAI PERGUNTA:
— VOCÊ NÃO SE CANSA DE FICAR TANTO TEMPO SEM FAZER NADA?
— É! ÀS VEZES, EU ME CANSO...
— E O QUE VOCÊ FAZ?
— VOU PARA O QUARTO DESCANSAR UM POUCO...

AULA DE REDAÇÃO
DEPOIS DE CORRIGIR AS REDAÇÕES, A PROFESSORA CHAMA A ATENÇÃO DO ALUNO:
— JOÃOZINHO, A SUA REDAÇÃO SOBRE CACHORRO ESTÁ EXATAMENTE IGUAL À DO SEU IRMÃO!
— MAS, PROFESSORA, O CACHORRO É O MESMO.

VENDEDORES
O PROFESSOR EXPLICA:
— QUEM VENDE LEITE É LEITEIRO. QUEM VENDE PÃO É PADEIRO. E QUEM VENDE CARNE?
UM ALUNO GRITA LÁ DO FUNDO:
— É CARNEIRO, PROFESSOR.

NO RESTAURANTE
O FREGUÊS CHAMA A ATENÇÃO DO GARÇOM:
— ESTA LAGOSTA ESTÁ SEM UMA GARRA!
— É QUE AS LAGOSTAS SÃO TÃO FRESCAS QUE BRIGARAM UMAS COM AS OUTRAS LÁ NA COZINHA.
— POIS, ENTÃO, LEVE ESTA DE VOLTA E TRAGA PARA MIM A LAGOSTA VENCEDORA.

ONDE ESTÁ O ANÃO?
— VOCÊ VIU PASSAR POR AQUI UM ANÃO DE 1,90 METRO?
— ORA, MAS SE ELE TEM 1,90 METRO NÃO É UM ANÃO!
— É, SIM. É QUE ELE ESTÁ DISFARÇADO DE GIGANTE!

SOCORRO!
EM UMA AVENIDA MOVIMENTADA, UM HOMEM COMEÇA A GRITAR:
— SOCORRO! SOCORRO! SOCORRO!
ALGUNS CURIOSOS SE APROXIMAM PARA SABER O QUE É. NINGUÉM ENTENDE POR QUE O HOMEM PEDE POR SOCORRO E TEM GENTE QUE ATÉ VAI CHAMAR A POLÍCIA E O BOMBEIRO. O HOMEM SEGUE ANDANDO PELA RUA E CONTINUA GRITANDO:
— SOCORRO! SOCORRO!
ATÉ QUE APERTA O PASSO E ALCANÇA UMA MULHER:
— POXA, SOCORRO! EU AQUI CHAMANDO E VOCÊ NEM ESCUTA!

CASO GRAVE
O MÉDICO DIZ:
— TEREI DE SER SINCERO COM VOCÊ: SEU CASO NÃO TEM CURA. DESEJA VER ALGUÉM?
— SIM, DOUTOR. QUERO VER OUTRO MÉDICO.

NA ESTRADA
UM HOMEM VEM DIRIGINDO PELA ESTRADA QUANDO UMA VIATURA DA POLÍCIA RODOVIÁRIA FAZ SINAL PARA ELE PARAR. O GUARDA PEDE:
— BOM DIA, DEIXE-ME VER A CARTA?
— CARTA? MAS EU FIQUEI DE ESCREVER PARA O SENHOR?

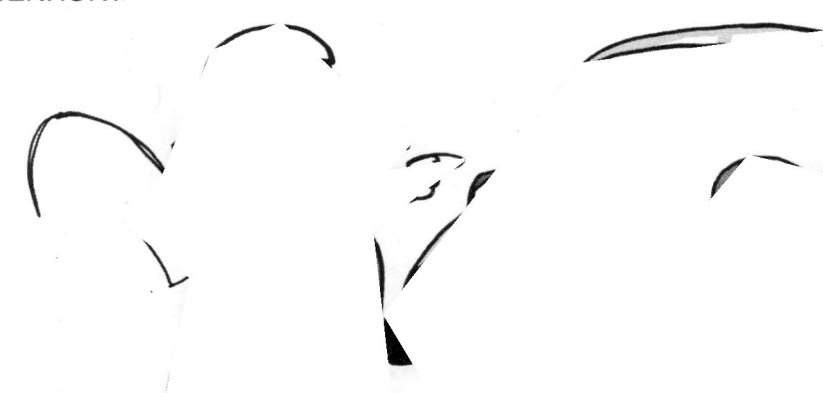

CARTA MALUCA
O ENFERMEIRO PERGUNTOU PARA O LOUCO:
— O QUE O SENHOR ESTÁ FAZENDO?
— ESTOU ESCREVENDO UMA CARTA PARA MINHA NAMORADA.
— COMO? VOCÊ NÃO SABE ESCREVER!
— NÃO FAZ MAL. ELA NÃO SABER LER.

AULA DE GRAMÁTICA
A PROFESSORA ESTÁ ENSINANDO O USO DE PRONOMES E PEDE A UM DOS ALUNOS:
— FAÇA UMA FRASE COM O PRONOME CONSIGO.
O ALUNO PENSA UM POUCO E RESPONDE:
— EU NÃO CONSIGO APRENDER PRONOMES.

MEU HERÓI!
O MENINO CHEGA DA ESCOLA E CORRE CONTAR A NOVIDADE PARA O PAI:
— PAPAI, HOJE A PROFESSORA PEDIU PARA A GENTE ESCREVER SOBRE NOSSOS HERÓIS E EU ESCREVI SOBRE VOCÊ!
— VERDADE, FILHO? NOSSA... EU NEM SABIA QUE VOCÊ ME ADMIRAVA TANTO!
— NA VERDADE, PAI... É QUE EU NÃO SABIA ESCREVER ARNOLD SCHWARZENEGER...

TEMPO CHUVOSO

A MULHER COMENTA COM O MARIDO QUE ESTÁ DISTRAÍDO ASSISTINDO AO JOGO DE FUTEBOL:
— O RÁDIO ANUNCIOU BOM TEMPO PARA HOJE, MAS ESTÁ CHOVENDO SEM PARAR.
— JÁ DISSE QUE VOCÊ PRECISA MANDAR CONSERTAR ESSE RÁDIO!

MENINO EDUCADO

UM HOMEM OBSERVA UM MENINO DE MÃO DADA COM A MÃE E RESOLVE PUXAR CONVERSA:
— QUE GAROTO BONITO! COMO VOCÊ SE CHAMA?
— JUQUINHA.
A MÃE CHAMA A ATENÇÃO DO MENINO:
— FILHO, SEJA EDUCADO, DIGA "SENHOR".
— TÁ BOM. EU ME CHAMO SENHOR JUQUINHA.

PRESENTE PARA NAMORADA

O RAPAZ CONTA PARA UM AMIGO:
— NO NATAL DO ANO PASSADO, DEI UM COLAR DE PÉROLAS PARA MINHA NAMORADA.
— E O QUE ELA ACHOU?
— DISSE QUE NÃO TINHA PALAVRAS PARA AGRADECER. NÃO SEI QUAL PRESENTE DEVO COMPRAR ESTE ANO.
— ORA, COMPRE UM DICIONÁRIO!

JÁ NOS CONHECEMOS?
UM HOMEM COMENTA COM O LOUCO:
— PERDÃO, CAVALHEIRO, JÁ VI O SEU ROSTO EM OUTRO LUGAR. ONDE TERIA SIDO?
— IMPOSSÍVEL! MEU ROSTO NUNCA SAI DO LUGAR. ESTÁ SEMPRE GRUDADO NA MINHA CABEÇA.

CADÊ A MAÇÃ?
A MÃE PERGUNTA:
— QUEM PEGOU UMA MAÇÃ QUE ESTAVA NA FRUTEIRA?
— FUI EU, MAMÃE! DEI A MAÇÃ A UM POBRE MENINO QUE ESTAVA COM FOME.
— NOSSA, FILHO! VOCÊ TEM UM CORAÇÃO DE OURO! E QUEM ERA ESSE MENINO?
— EU, MAMÃE!

ESTUDANDO O PORTUGUÊS
O FILHO ESTÁ INDO MAL NA ESCOLA E O PAI RESOLVE AJUDAR O MENINO A ESTUDAR PARA AS PROVAS:
— FILHO, VOCÊ CONHECE BEM O PORTUGUÊS?
— CONHEÇO, SIM!
— ENTÃO, EXPLIQUE O QUE SÃO VERBOS AUXILIARES.
— AH, PAI! PENSEI QUE FOSSE O PORTUGUÊS DA PADARIA!

TRATAMENTO DE BELEZA

A GAROTINHA OLHAVA, FASCINADA, A MÃE ESFREGANDO CREME NO ROSTO.
— POR QUE VOCÊ ESTÁ FAZENDO ISSO?
— PORQUE EU QUERO FICAR BONITA, RESPONDE A MÃE COMEÇANDO A TIRAR O CREME COM UM ALGODÃO.
E A FILHA PERGUNTA:
— O QUE FOI? DESISTIU?

FUTEBOL ENTRE INSETOS

AS FORMIGAS PERDEM FEIO PARA AS ARANHAS.
O PRIMEIRO TEMPO TERMINA EM OITO A ZERO.
O PROBLEMA ESTÁ NA DIFERENÇA DO NÚMERO DE PERNAS.
NO SEGUNDO TEMPO, ENTRA A CENTOPEIA NO TIME DAS FORMIGAS, QUE REAGE E EMPATA.
— MAS POR QUE ELA NÃO JOGOU LOGO NO PRIMEIRO TEMPO?, QUIS SABER UM REPÓRTER.
— PORQUE ESTAVA CALÇANDO AS CHUTEIRAS!

CARPINTEIRO
UMA SENHORA OBSERVAVA COM ATENÇÃO O TRABALHO DO CARPINTEIRO. ELE SEGURAVA UMA TÁBUA COM A MÃO ESQUERDA, O MARTELO COM A MÃO DIREITA E OS PREGOS COM A BOCA.
— CUIDADO! O SENHOR PODE ENGOLIR OS PREGOS, SEM QUERER.
— NÃO SE PREOCUPE, SENHORA. EU TENHO OUTROS.

CASO GRAVE
O MÉDICO OBSERVA O EXAME DO PACIENTE E DIZ:
— SINTO MUITO. O SENHOR SÓ TEM MAIS TRÊS MESES DE VIDA.
— NÃO PODE SER! É MUITO POUCO TEMPO. EU NEM VOU CONSEGUIR PAGAR A CONSULTA.
— BEM, NESSE CASO, EU LHE DOU MAIS TRÊS MESES.

DEMISSÃO
O PATRÃO DISSE AO FUNCIONÁRIO:
— ESTÁ DESPEDIDO!
— MAS, CHEFE, EU NÃO FIZ NADA!
— EU SEI! E É POR ISSO MESMO!

BRINCADEIRA DE LOUCO
DOIS LOUCOS BRINCAM DE MÉDICO:
— ESTOU DESESPERADO, DOUTOR. NÃO SEI MAIS O QUE FAZER. ACHO QUE SOU TRÊS.
— NÃO SE PREOCUPE. NÓS SETE VAMOS RESOLVER O SEU CASO.

MARIDO MANCO
A MULHER PERGUNTA AO MÉDICO:
— DOUTOR, MEU MARIDO MANCA PORQUE TEM UMA PERNA MAIOR DO QUE A OUTRA. O QUE O SENHOR FARIA NESSE CASO?
— PROVAVELMENTE MANCARIA TAMBÉM

DESEMPREGADO
DOIS AMIGOS SE ENCONTRAM E UM FALA PARA O OUTRO:
— ESTOU PROCURANDO EMPREGO.
— O QUE ACONTECEU? POR QUE DEIXOU O SEU ÚLTIMO EMPREGO?
— PORQUE FIZERAM UMA COISA QUE ME DEIXOU MUITO CHATEADO.
— AH, É? E O QUE FOI?
— ME DESPEDIRAM!

BONS FREGUESES
DOIS COMERCIANTES ESTÃO CONVERSANDO:
— EU SEI CONSERVAR OS MEUS FREGUESES, POR ISSO ELES SEMPRE VOLTAM, E OS SEUS?
— OS MEUS NUNCA VOLTAM, TENHO UMA EMPRESA FUNERÁRIA.

CONVERSA DE VENDEDOR
O VENDEDOR AMBULANTE BATE NA PORTA DA DONA DE CASA:
— A SENHORA QUER COMPRAR UMA APÓLICE DE SEGUROS.
— NÃO, JÁ TENHO UMA.
— UMA COLEÇÃO DE ENCICLOPÉDIA?
— NÃO. OBRIGADA.
— E UM TECLADO ELETRÔNICO COM MAIS DE 800 RITMOS DIFERENTES?
— É CLARO QUE NÃO!
— PARA SE VER LIVRE DE MIM, A SENHORA COMPRARIA UM SABONETE?
— COMPRO ATÉ DOIS!
— OBRIGADO. É ISSO MESMO QUE EU ESTOU VENDENDO.

COMIDA DE BALEIA
A PROFESSORA EXPLICA:
— A BALEIA É UM MAMÍFERO MUITO GRANDE QUE SÓ SE ALIMENTA DE SARDINHA.
O ALUNO FICA CURIOSO:
— E COMO ELA ABRE AS LATAS, PROFESSORA?

CONVERSA DE DOIDO

O DELEGADO TEM DE INTERROGAR DOIS ASSALTANTES.
PERGUNTA PARA O PRIMEIRO:
— QUAL É A SUA PROFISSÃO?
— NÃO TENHO PROFISSÃO, SENHOR.
PERGUNDA PARA O SEGUNDO:
— E A SUA?
— SOU APRENDIZ DELE...
VOLTA A PERGUNTAR PARA O PRIMEIRO:
— O QUE É QUE O SENHOR FAZ NA VIDA?
— NADA NÃO.
E PARA O SEGUNDO:
— E O SENHOR?
— EU AJUDO ELE.
— ONDE O SENHOR MORA? NÃO TENHO CASA, DELEGADO.
— E O SENHOR?
— SOU VIZINHO DELE.

LADRÃO FUJÃO

— DELEGADO, O LADRÃO ACABA DE FUJIR.
— IMPOSSÍVEL. NÃO MANDEI VIGIAR TODAS AS SAÍDAS?
— SIM, MAS ELE FUGIU PELA ENTRADA.

VAQUEIRO ESPERTO

UM VAQUEIRO PERGUNTA AO OUTRO:
— POR QUE VOCÊ USA SÓ UMA ESPORA?
— É PORQUE EU ACHO QUE, QUANDO UM LADO DO CAVALO COMEÇA A CORRER, O OUTRO LADO VAI JUNTO.

LOUCO NA FARMÁCIA

O SENHOR TEM SAL DE FRUTA?
—TENHO SIM.
— ENTÃO, VOU QUERER UM DE MORANGO.

QUE SUSTO!

UM HOMEM PASSAVA PELA RUA QUANDO OUVIU UMA MULHER GRITANDO:
— POR FAVOR, ME AJUDEM! MEU FILHO ENGOLIU UMA MOEDA.
O HOMEM AGARROU O MENINO PELOS PÉS, VIROU-O DE CABEÇA PARA BAIXO E SACUDIU-O ATÉ FAZER A MOEDA CAIR.
— OBRIGADA, DOUTOR! O SENHOR SALVOU O MEU FILHO. SORTE UM MÉDICO ESTAR POR PERTO.
— SENHORA, EU NÃO SOU MÉDICO. SOU COBRADOR DE IMPOSTOS.

PEIXE SAUDÁVEL
UM HOMEM PERGUNTA AO SEU AMIGO QUE É MÉDICO:
— PEIXE É REALMENTE SAUDÁVEL?
— BEM, PELO MENOS ATÉ HOJE EU NUNCA ATENDI NENHUM PEIXE EM MEU CONSULTÓRIO.

ANÚNCIO NO JORNAL
O VENDEDOR DE CLASSIFICADOS PERGUNTA:
— O QUE O SENHOR ACHOU DOS CLASSIFICADOS DO NOSSO JORNAL?
— MUITO EFICIENTE! FOI SÓ EU ANUNCIAR QUE PRECISAVA DE UM VIGIA NOTURNO QUE ASSALTARAM A LOJA NA MESMA NOITE.

CARTA AO PAPAI NOEL
NO NATAL, UM MENINO MUITO POBRE MANDOU UMA CARTA PARA O PAPAI NOEL.
OS FUNCIONÁRIOS DO CORREIO FICARAM CURIOSOS E ABRIRAM A CARTA. O MENINO HAVIA ESCRITO QUE NÃO QUERIA PRESENTE, MAS SIM 200 REAIS PARA COMPRAR REMÉDIO PARA A SUA MÃE DOENTE. O PESSOAL DO CORREIO RESOLVEU AJUDAR, ARRECADOU 100 REAIS E ENVIOU PARA O MENINO. DIAS DEPOIS, CHEGOU OUTRA CARTA DO MENINO PARA O PAPAI NOEL. DIZIA: "PAPAI NOEL, OBRIGADO PELO DINHEIRO QUE O SENHOR ENVIOU. POR FAVOR, DA PRÓXIMA VEZ, ENTREGUE PESSOALMENTE, PORQUE O PESSOAL DO CORREIO FICOU COM A METADE".

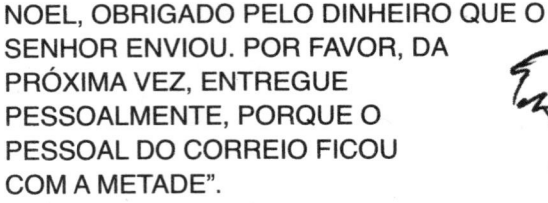

ESTRESSADO

UM HOMEM VAI AO MÉDICO RECLAMANDO DE VÁRIAS DORES. O DOUTOR ACONSELHA:
— O SENHOR ESTÁ ESTRESSADO. NÃO SE PREOCUPE, O IMPORTANTE É DESCOBRIR O SEU PRINCIPAL PROBLEMA. NO MÊS PASSADO, ESTEVE AQUI UM COMERCIANTE EM UM ESTADO BEM PIOR. EU PERCEBI QUE O SEU MAIOR PROBLEMA ERA UMA DÍVIDA IMENSA QUE ELE TINHA COM UM FORNECEDOR. ELE PASSOU A NÃO PENSAR MAIS NISSO E FICOU BOM.
— AH É, SÓ QUE O TAL FORNECEDOR SOU EU.

DINHEIRO PERDIDO

O NETINHO ENTRA CORRENDO EM CASA E A AVÓ DO GAROTO PERGUNTA:
— O QUE ACONTECEU?
— ACABEI DE PERDER 25 CENTAVOS.
— CALMA. PODE FICAR COM OS MEUS 25 CENTAVOS. ASSIM QUE RECEBE A MOEDA DA AVÓ, COMEÇA A CHORAR AINDA MAIS.
— O QUE FOI AGORA?
— EU DEVERIA TER FALADO QUE PERDI 1 REAL.

AULA DE ANATOMIA
O PROFESSOR PERGUNTA:
— QUANTOS OSSOS TEM O CRÂNIO HUMANO?
— NÃO ME LEMBRO, PROFESSOR, MAS TENHO TODOS AQUI NA CABEÇA.

NADAR FAZ BEM
DOIS AMIGOS CONVERSAM ENQUANTO OBSERVAM O MAR:
— NADAR É UM DOS MELHORES EXERCÍCIOS PARA MANTER O CORPO MAGRO E ESBELTO.
— GOZADO, EU NUNCA VI UMA BALEIA MAGRA E ESBELTA.

NO DENTISTA
— FUI AO DENTISTA PARA TIRAR UM DENTE E ELE TIROU TRÊS.
— SEUS DENTES ESTAVAM ESTRAGADOS?
— NÃO. MAS O DENTISTA NÃO TINHA TROCO.

ALUNO FALTOSO
A PROFESSORA PERGUNTA AO ALUNO QUE ESTÁ CHEGANDO:
— POR QUE VOCÊ NÃO VEIO À AULA ONTEM?
— É QUE UMA ABELHA ME PICOU, PROFESSORA.
— AH, É? E ONDE ELA PICOU?
— NÃO POSSO DIZER.
— TUDO BEM. ENTÃO, VÁ SE SENTAR.
— TAMBÉM NÃO POSSO SENTAR.

UMA DE CADA COR
O MENINO ESTAVA INDO PARA A ESCOLA QUANDO A VIZINHA COMENTOU:
— INTERESSANTES ESSAS MEIAS QUE VOCÊ ESTÁ USANDO... UMA AZUL E OUTRA VERMELHA.
— É VERDADE. O ENGRAÇADO É QUE EU TENHO OUTRO PAR IGUALZINHO LÁ EM CASA.

NA ESTAÇÃO DE TREM
— POR FAVOR, EU QUERO UMA PASSAGEM PARA MAGNÓLIA.
O BILHETEIRO PEGA O MAPA E, DEPOIS DE OLHAR COM MUITA ATENÇÃO, PERGUNTA:
— NÃO SEI ONDE FICA MAGNÓLIA, A SENHORA SABE?
— SEI, SIM. ELA ESTÁ ALI SENTADA NO BANCO ESPERANDO EU COMPRAR A PASSAGEM.

NA BARBEARIA
UM HOMEM SEM BARBA FALA PARA UM FREGUÊS BARBUDO:
— EU TINHA UMA BARBA IGUAL À SUA, MAS ERA MUITO FEIA E RESOLVI RASPÁ-LA.
— POIS EU TINHA UMA CARA IGUAL À SUA, MAS, COMO ERA FEIA, DEIXEI A BARBA CRESCER.

RÁDIO MOLHADO
UM LOUCO PERGUNTA PARA O OUTRO:
— O QUE VOCÊ FEZ NO MEU RÁDIO?
— EU ACHEI QUE ESTAVA MUITO SUJO E LAVEI.
— AH! ENTÃO, VOCÊ DEVE TER AFOGADO O LOCUTOR.

AULA DE ÁLGEBRA
A MÃE QUER SABER:
— FILHINHA, O QUE VOCÊ ESTUDOU HOJE NA ESCOLA?
— HOJE EU ESTUDEI ÁLGEBRA, MAMÃE.
— AH, QUE BOM! ENTÃO DIZ "BOM DIA" PARA A MAMÃE EM ÁLGEBRA.

MÁS NOTÍCIAS
O MÉDICO LIGA PARA O PACIENTE:
— SEUS EXAMES FICARAM PRONTOS.
— E AÍ, DOUTOR? TUDO BEM?
— BEM NADA, RAPAZ! TENHO DUAS NOTÍCIAS E UMA DELAS É MUITO RUIM.
— DIZ LOGO, ME FALA A RUIM DE UMA VEZ!
— VOCÊ TEM APENAS 24 HORAS DE VIDA!
— 24 HORAS? MEU DEUS, NÃO PODE SER!
DEPOIS DE ALGUNS SEGUNDOS.
— E A OUTRA NOTÍCIA?
— LIGUEI PARA VOCÊ ONTEM O DIA TODO, MAS SÓ DAVA OCUPADO!

PERGUNTA DIFÍCIL
A PROFESSORA PERGUNTOU AO JOÃOZINHO:
— SE DOIS E DOIS SÃO QUATRO. E QUATRO MAIS QUATRO SÃO OITO, QUANTO É OITO MAIS OITO?
— AH, PROFESSORA, ISSO NÃO É JUSTO! A SENHORA RESPONDEU AS DUAS PERGUNTAS MAIS FÁCEIS E DEIXA A DIFÍCIL PARA MIM?

NO HOSPÍCIO
ENQUANTO OS LOUCOS PASSEIAM PELO PÁTIO, UM DELES GRITA:
— EU SOU UM ENVIADO DE DEUS À TERRA!
OUTRO LOUCO RESPONDE:
— MENTIRA! EU NÃO ENVIEI NINGUÉM!

PROFESSORA SEM GRAÇA
A PROFESSORA CONTA UMA HISTÓRIA. TODOS OS ALUNOS RIEM, MENOS JOÃOZINHO. A PROFESSORA PERGUNTA:
— NÃO ACHOU GRAÇA? VOCÊ NÃO RIU!
— EU RI NO ANO PASSADO, PROFESSORA. SOU REPETENTE.

DORMINDO EM SERVIÇO
O FUNCIONÁRIO SE DESCULPA PARA O PATRÃO DEPOIS DE TER SIDO FLAGRADO DORMINDO EM SERVIÇO:
— NÃO ESTOU DORMINDO NÃO, CHEFE! É QUE O MEU SERVIÇO É TÃO FÁCIL QUE EU FAÇO ATÉ DE OLHOS FECHADOS!

FUNCIONÁRIOS PUXA-SACOS
NA FESTA DE AMIGO-SECRETO, COM OS FUNCIONÁRIOS TODOS REUNIDOS, O CHEFE COMEÇOU A CONTAR PIADAS SEM GRAÇA, MAS TODOS MORRIAM DE RIR. MENOS UM RAPAZ ESCOSTADO NO CANTO QUE FICOU SÉRIO O TEMPO TODO, ATÉ QUE O PATRÃO QUIS SABER:
— POR QUE NÃO RIU DAS MINHAS PIADAS? POR ACASO, JÁ CONHECIA TODAS QUE EU CONTEI?
O RAPAZ RESPONDEU:
— NÃO CONHECIA NENHUMA, MAS É QUE EU NÃO TRABALHO NA EMPRESA, SÓ VIM BUSCAR MINHA NAMORADA!

A CONTA DO HOSPITAL
UM HOMEM ESTÁ NO HOSPITAL E RECEBE A VISITA DE UM AMIGO:
— O DOUTOR ME GARANTIU QUE, DEPOIS DA CIRURGIA, EU IA VOLTAR A ANDAR!
— E ACERTOU EM CHEIO! PRECISEI VENDER O CARRO PARA PAGAR A OPERAÇÃO!

QUE PREGUIÇA!
UM BAIANO DEITADO NA REDE PERGUNTA PARA O AMIGO:
— MEU REI... TEM AÍ REMÉDIO PRA PICADA DE COBRA?
— TEM. POR QUÊ, VOCÊ FOI PICADO?
— NÃO, MAS TEM UMA COBRA VINDO NA MINHA DIREÇÃO...

COPA DO MUNDO

UM CASAL RESOLVE ASSISTIR A UM DOS JOGOS DA COPA DO MUNDO. POR CULPA DA MULHER, QUE DEMOROU PARA SE ARRUMAR, OS DOIS CHEGAM AO ESTÁDIO MEIA HORA ATRASADOS. A MULHER PERGUNTA AO VIZINHO DE ARQUIBANCADA QUANTO ESTÁ O JOGO.
— ZERO A ZERO!
— TÁ VENDO, DIZ ELA PARA O MARIDO, EU NÃO FALEI QUE ÍAMOS CHEGAR A TEMPO?!

CONFUSÃO NO CINEMA

UM HOMEM MEIO DESASTRADO ENTRA NO CINEMA E FICA PARADO, EM PÉ, ESPERANDO OS OLHOS SE ACOSTUMAREM COM A ESCURIDÃO.
O LANTERNINHA SE APROXIMA PARA AJUDAR.
O HOMEM VÊ AQUELA LUZ SE APROXIMANDO, SE APROXIMANDO... E PIMBA! PULA COM TUDO NO COLO DE UM CASAL QUE COMIA PIPOCAS.
— ME DESCULPE, GENTE! É QUE, SE EU NÃO SAIO DA FRENTE, IA SER ATROPELADO POR AQUELA BICICLETA!

PREVENDO O FUTURO
A VIDENTE LÊ A MÃO DE UM HOMEM E AVISA TODA SORRIDENTE:
— QUE MARAVILHA! NENHUMA DOENÇA EM SUA VIDA!
— MARAVILHA NADA. EU SOU MÉDICO!

FAZENDO CONTA
JOÃOZINHO, QUANTO SÃO CINCO MAIS TRÊS?
— NÃO SEI, PROFESSORA.
— OITO, JOÃOZINHO, OITO!
— ESSA NÃO, PROFESSORA! ONTEM MESMO A SENHORA DISSE QUE OITO SÃO QUATRO MAIS QUATRO.

MÉDICO MALUCO
O MÉDICO PEDE PARA O PACIENTE QUE SE DEBRUCE NA JANELA E PONHA A LÍNGUA PARA FORA. O PACIENTE OBEDECE, MAS DEPOIS PERGUNTA:
— DOUTOR, QUE TIPO DE EXAME É ESSE?
— NÃO É EXAME. É QUE EU NÃO GOSTO DOS VIZINHOS.

ADIVINHA
O MENINO PERGUNTA PARA UMA MENINA NO PÁTIO DA ESCOLA:
— O QUE É, O QUE É? TEM SEIS PERNAS, PELOS VERDES E ANTENAS.
— NÃO SEI, O QUE É?
— EU TAMBÉM NÃO SEI, MAS ESTÁ SUBINDO PELO SEU CABELO!

MÉDICO INSATISFEITO
O MÉDICO OLHA PARA O RESULTADO DO EXAME, TORCE O NARIZ E FALA PARA O PACIENTE, UM SUJEITO MEIO CAIPIRA, HUMILDE:
— HUM... A SUA DOENÇA NÃO ESTÁ ME AGRADANDO NEM UM POUCO!
E O CAIPIRA, MEIO SEM JEITO, RESPONDE:
— SINTO MUITO, SEU DOTÔ! MAS EU SÓ TENHO ESTA!

ENTRE AMIGOS
UM HOMEM ESTAVA SAINDO DA FARMÁCIA E ENCONTROU UM AMIGO QUE LHE PERGUNTOU:
— VOCÊ ESTÁ DOENTE?
— POR QUE A PERGUNTA?
— UÉ, VOCÊ ESTÁ SAINDO DA FARMÁCIA!
— QUER DIZER QUE SE ESTIVESSE SAINDO DO CEMITÉRIO VOCÊ PERGUNTARIA SE EU TINHA RESSUSCITADO?

HORÁRIO MALUCO
O LOUCO CHEGA PARA O OUTRO E PERGUNTA:
— VOCÊ SABE QUE HORAS SÃO?
— SEI!, RESPONDE O OUTRO.
— MUITO OBRIGADO!

PARECIDO COM A SOGRA
— O SENHOR É A CARA DA MINHA SOGRA. A ÚNICA DIFERENÇA É O BIGODE.
— MAS EU NÃO TENHO BIGODE.
— POIS É! MINHA SOGRA TEM!

MARIDO E MULHER
A MULHER LIGA PARA O MARIDO:
— QUERIDO, TENHO UMA NOTÍCIA BOA E UMA MÁ!
— SINTO MUITO, ESTOU NO MEIO DE UMA REUNIÃO. CONTE SÓ A NOTÍCIA BOA.
— O AIRBAG DO SEU CARRO ESTÁ FUNCIONANDO DIREITINHO.

AULA DE CIÊNCIAS
O PROFESSOR EXPLICA O FENÔMENO DA CIRCULAÇÃO SANGUÍNEA:
— SE EU FICAR DE CABEÇA PARA BAIXO, O SANGUE VAI DESCER PARA MINHA CABEÇA E MEU ROSTO VAI FICAR VERMELHO, NÃO É MESMO?
— SIM, PROFESSOR!, CONCORDA A CLASSE.
— AGORA, ALGUÉM SABE POR QUE É QUE OS MEUS PÉS NÃO FICAM VERMELHOS QUANDO ESTÃO NO CHÃO?
— EU SEI, PROFESSOR! É PORQUE OS SEUS PÉS NÃO SÃO VAZIOS!

VENDEDOR DE RUA
O MENINO QUE VENDE LARANJA EM UM CRUZAMENTO FICAVA GRITANDO:
— OLHA A LARANJA! OLHA A LARANJA!
UM SENHOR PERGUNTA AO GAROTO:
— É DOCE?
— É CLARO QUE NÃO, MOÇO! SENÃO, EU ESTARIA GRITANDO: "OLHA O DOCE!".

JOGO DE BASQUETE
O TÉCNICO APONTA PARA UM DOS JOGADORES E COMENTA:
— AQUELE JOGADOR ALI É TÃO RUIM, TÃO RUIM QUE QUANDO JOGA NA SEXTA ACERTA NO SÁBADO.

AULA DE CARDIOLOGIA
O PROFESSOR PERGUNTA AO ALUNO:
— O QUE SE DEVE FAZER QUANDO ALGUÉM ESTÁ SENTINDO DORES NO CORAÇÃO?
— APAGAR A LUZ!
— APAGAR A LUZ? VOCÊ FICOU MALUCO?
— ORA, PROFESSOR. O SENHOR NUNCA OUVIU DIZER QUE O QUE OS OLHOS NÃO VEEM O CORAÇÃO NÃO SENTE?

IDADE AVANÇADA
UM VELHINHO VAI AO MÉDICO:
— DOUTOR, ESTOU COM UM REUMATISMO DANADO NA PERNA ESQUERDA.
— É A IDADE, NÃO SE IMPRESSIONE.
— COMO, SE A PERNA DIREITA É DA MESMA IDADE E NÃO TEM NADA?

BIOLOGIA ANIMAL
A PROFESSORA EXPLICAVA:
— O ANIMAL QUE TEM QUATRO PÉS É UM QUADRÚPEDE.
EM SEGUIDA, OLHA PARA UM DOS ALUNOS E PERGUNTA:
— VOCÊ TEM DOIS PÉS. COMO SE CHAMA?
— JOÃOZINHO.

ALUGUEL ATRASADO
O MENINO AVISA AO HOMEM QUE VEIO COBRAR O ALUGUEL ATRASADO:
— NÃO ADIANTA FICAR ESPERANDO O MEU PAI. ELE NÃO VAI VOLTAR.
— E COMO VOCÊ SABE QUE ELE NÃO VAI VOLTAR?
— ORA, PORQUE ELE NEM SAIU AINDA.

SEMPRE ATRASADO

O ALUNO ENTRA ATRASADO PELO PORTÃO DA ESCOLA. O PORTEIRO PERGUNTA:
— POR QUE VOCÊ ESTÁ ATRASADO?
— PORQUE EU SEGUI O QUE A PLACA DIZ.
— QUE PLACA?
— A PLACA QUE DIZ: "ESCOLA. DEVAGAR".

FOFOQUEIRAS

UMA VIZINHA FALA PARA A OUTRA:
— EU NÃO SOU COMO VOCÊ QUE ANDA PELA RUA FALANDO MAL DOS OUTROS.
— TAMBÉM, PUDERA! VOCÊ TEM TELEFONE!

VELHO OESTE

O CAUBÓI ENTRA NO BAR AOS BERROS:
— QUEM FOI O ENGRAÇADINHO QUE PINTOU MEU CAVALO DE VERDE?
— UM HOMEM DE 2 METROS DE ALTURA SE LEVANTA E RESPONDE:
— FUI EU, POR QUÊ?
— É SÓ PARA AVISAR QUE A PRIMEIRA MÃO DE TINTA JÁ SECOU.

NO TRIBUNAL
DURANTE O JULGAMENTO, O JUIZ FALA:
— O SENHOR INSISTE EM AFIRMAR NÃO TER ROUBADO. MAS EU TENHO SEIS TESTEMUNHAS QUE VIRAM O ROUBO.
— ORA, SENHOR JUIZ, EU TENHO MAIS DE MIL QUE NÃO VIRAM.

ASSALTO
UM HOMEM PERGUNTA A OUTRO NA RUA:
— O SENHOR VIU ALGUM GUARDA POR AQUI?
— NÃO.
— ENTÃO, PASSE A CARTEIRA!

NO ZOOLÓGICO
— MAMÃE, ESSES HIPOPÓTAMOS SÃO TÃO PARECIDOS COM A TIA MERCEDES, NÃO SÃO?
— FILHO, NÃO SE DIZ ESSAS COISAS!
— MAS, MAMÃE, ELES NEM OUVIRAM!

IRMÃO GULOSO
A MÃE FICA BRAVA COM O FILHO MAIS VELHO:
— POR QUE VOCÊ NÃO DEU UMA PERA AO SEU IRMÃOZINHO?
— PORQUE ME ENGANEI E COMI A DELE.
— E ESSA QUE ESTÁ NA SUA MÃO?
— AH! ESTA É A MINHA!

TIRADENTES
A PROFESSORA FAZ CHAMADA ORAL E ESCOLHE O JOÃOZINHO:
— O QUE VOCÊ SABE SOBRE TIRADENTES?
— AH! PROFESSORA. ELE MORREU ENFORCADO.
— SÓ ISSO?
— POXA! ELE FOI ENFORCADO E A SENHORA AINDA ACHA POUCO?

LOUCOS NO VOLANTE
DOIS LOUCOS PEGAM O CARRO DO DIRETOR DO HOSPÍCIO E SAEM PARA DAR UMA VOLTA. NO CAMINHO, CONVERSAM:
— COMO AS ÁRVORES PASSAM RÁPIDO!
— BOA IDEIA! VAMOS VOLTAR DE ÁRVORE?

ADVOGADO CARO
UM RAPAZ VAI CONSULTAR O ADVOGADO MAIS CARO DA CIDADE:
— É VERDADE QUE O SENHOR COBRA 2 MIL REAIS PARA RESPONDER TRÊS PERGUNTAS?
— SIM. QUAIS SÃO AS OUTRAS DUAS.

PACIENTE DISTRAÍDO
O MÉDICO PERGUNTA AO PACIENTE QUE ESTÁ COM A CABEÇA MACHUCADA:
— COMO FOI QUE ISSO ACONTECEU?
— BATI COM A CABEÇA NA QUINA DE UMA PRATELEIRA, NUM MOMENTO DE DISTRAÇÃO.
— NOSSA! QUE JEITO MAIS ESTRANHO DE SE DISTRAIR!

LIÇÃO DE CASA
ENQUANTO FAZ O DEVER DE CASA, A MENINA PERGUNTA AO IRMÃO MAIS VELHO:
— EI, VOCÊ SABE QUEM DESCOBRIU O BRASIL?
— EU NEM SABIA QUE ELE ESTAVA COBERTO!

PRESIDIÁRIO ESPERTO
O DIRETOR DA PRISÃO AVISA:
— TODOS AQUI PRECISAM TRABALHAR, APRENDER ALGUM OFÍCIO.
— EI, VOCÊ! O QUE DESEJA FAZER?
— QUERO SER CAIXEIRO-VIAJANTE, SENHOR.

PATRÃO DURÃO
O PATRÃO PERGUNTA AO FUNCIONÁRIO:
— PRECISO DEMITIR TRÊS FUNCIONÁRIOS. NA SUA OPINIÃO, QUAIS SERIAM OS OUTROS DOIS?

É GOL!
O FOTÓGRAFO DE UM JORNAL ESPORTIVO FOI FOTOGRAFAR A PARTIDA EM QUE SEU TIME ESTAVA JOGANDO. NA HORA QUE SEU TIME FEZ O GOL, ELE COMEMOROU E FICOU TÃO EMOCIONADO QUE ESQUECEU DE FOTOGRAFAR. QUANDO CHEGOU NO JORNAL, O EDITOR ESTRANHOU:
— VOCÊ NÃO PEGOU O GOL?
— MAS SE O GOLEIRO, QUE TINHA DE PEGAR, NÃO PEGOU, IMAGINE EU, UM SIMPLES FOTÓGRAFO!

ALUNO EMBROMADOR
DURANTE A AULA DE HISTÓRIA, O PROFESSOR PEDE AO JOÃOZINHO:
— DIGA ALGUMA COISA SOBRE O DESCOBRIMENTO DO BRASIL.
— BEM, POSSO AFIRMAR QUE TODOS OS TRIPULANTES DAS CARAVELAS QUE CHEGARAM AQUI JÁ MORRERAM.

ALUNA ENGRAÇADINHA
O PROFESSOR PERGUNTA PARA A CLASSE:
— QUAL É O ANIMAL QUE NOS FORNECE CARNE?
A MARIAZINHA RESPONDE RÁPIDO:
— O AÇOUGUEIRO.

COMO SER EDUCADO
A MÃE EXPLICA PARA O MENINO:
— FILHO, MENINOS BEM-EDUCADOS NUNCA ESCOLHEM OS MAIORES PEDAÇOS.
— AH, É? QUER DIZER QUE OS MAIORES PEDAÇOS FICAM PARA OS MAL-EDUCADOS?

TESTE DE GEOGRAFIA
A PROFESSORA RESOLVE FAZER UMA PROVA ORAL E PERGUNTA PARA O ALUNO:
— COMO SE CHAMAM OS HABITANTES DE SANTOS?
— COMO POSSO SABER, PROFESSORA? CADA UM TEM UM NOME E EU NÃO CONHEÇO NINGUÉM LÁ.

NO CONSULTÓRIO
UM MÉDICO DIZIA CURAR O PACIENTE PELA AUTOSSUGESTÃO:
— DIGA TRÊS VEZES: "EU ESTOU CURADO".
O DOENTE OBEDECE E SENTE-SE REALMENTE CURADO. O MÉDICO COBRA 2 MIL REAIS PELA CONSULTA E O CLIENTE ACONSELHA:
— DIGA TRÊS VEZES: "EU JÁ FUI PAGO".

NOVO EMPREGO
O RAPAZ CHEGA NUMA EMPRESA E PEDE UM EMPREGO. O GERENTE PERGUNTA:
— QUAL O CARGO QUE O SENHOR QUER?
— DE PRESIDENTE!
— O SENHOR É LOUCO?
— NÃO! PRECISA SER?

ESTUDANDO PARA A PROVA

O MENINO JÁ ESTAVA CANSADO DE ESTUDAR PARA A PROVA E FALOU PARA A MÃE:
— EU QUERIA TER NASCIDO EM 1500.
— POR QUÊ?
— EU TERIA MENOS HISTÓRIA PARA ESTUDAR.

MUITO TRABALHO

O EMPREGADO PEDE AUMENTO DE ORDENADO DIZENDO QUE ESTÁ TRABALHANDO POR TRÊS. O PATRÃO TOMA AS PROVIDÊNCIAS:
— DIGA O NOME DOS OUTROS DOIS QUE EU OS MANDO EMBORA.

BEBÊ CHORÃO

O BEBÊ, IRMÃO DO JOÃOZINHO, NÃO PARA DE CHORAR. O AMIGO DO JOÃOZINHO COMENTA:
— O SEU IRMÃO É CHATO, HEIN? QUE MENINO CHORÃO!
— POIS EU ACHO QUE ELE TÁ CERTO. QUERIA VER O QUE VOCÊ FARIA SE NÃO SOUBESSE FALAR, FOSSE BANGUELA, CARECA E NÃO CONSEGUISSE FICAR EM PÉ!

CHAMADA ORAL
O PROFESSOR FEZ UMA PERGUNTA E NADA DO ALUNO RESPONDER...
— PARECE QUE VOCÊ ESTÁ ATRAPALHADO COM A MINHA PERGUNTA...
— NÃO, PROFESSOR, EU ESTOU ATRAPALHADO É COM A MINHA RESPOSTA.

CIDADE COM NEBLINA
— LONDRES É A CIDADE DE MAIS NEBLINA DO MUNDO.
— QUE NADA! EU JÁ PASSEI EM UMA CIDADE QUE TINHA MUITO MAIS NEBLINA.
— QUAL?
— ERA TANTA NEBLINA QUE NÃO CONSEGUI VER A CIDADE.

PAPAGAIO DE MUDANÇA
A FAMÍLIA ESTÁ DE MUDANÇA. A GAIOLA COM O PAPAGAIO É COLOCADA LÁ NO ALTO DO CAMINHÃO. COM OS BURACOS DA RUA, O CAMINHÃO BALANÇA MUITO E A GAIOLA DESPENCA. A FAMÍLIA PARA O CAMINHÃO E SOCORRE O PAPAGAIO. NOS PRÓXIMOS BURACOS, A GAIOLA DESPENCA OUTRA VEZ. MAIS À FRENTE, OUTRA VEZ. EM SEGUIDA, MAIS UMA VEZ, ATÉ QUE O PAPAGAIO DIZ PARA O DONO:
— QUER SABER: ME DÊ O ENDEREÇO QUE EU VOU A PÉ.

NO TRIBUNAL
DURANTE O JULGAMENTO, O JUIZ PERGUNTA:
— ONDE O SENHOR MORA?
— NA CASA DO MEU IRMÃO.
— E ONDE MORA O SEU IRMÃO?
— ELE MORA COMIGO.
— E ONDE VOCÊS MORAM, SERÁ QUE PODE ME DIZER?
— MORAMOS JUNTOS.

COELHO MALUCO
UM COELHO ENTRA NA LIVRARIA E PEDE UMA CENOURA. O VENDEDOR RESPONDE:
— NÃO VENDEMOS CENOURAS. VÁ ATÉ A QUITANDA NO FINAL DA RUA.
NO DIA SEGUINTE, O COELHO VOLTA:
— TEM CENOURA?
— AQUI É UMA LIVRARIA. NÃO TEMOS CENOURAS.
NO OUTRO DIA, O COELHO APARECE DE NOVO:
— TEM CENOURA?
— JÁ DISSE QUE NÃO! SE VOCÊ PERGUNTAR ISSO OUTRA VEZ, VOU AMARRAR VOCÊ COM UMA CORDA E ENTREGAR PARA O AÇOUGUEIRO AQUI AO LADO.
UM DIA DEPOIS, O COELHO VOLTA:
— OI, TEM UMA CORDA?
— NÃO.
— BEM, ENTÃO, ME DIGA: TEM CENOURA?

A GALINHA E O IOIÔ
O CAIPIRA COMENTA:
— SABE, COMPADRE, TÔ PREOCUPADO COM A MINHA GALINHA.
— POR QUÊ?
— ELA ENGOLIU UM ELÁSTICO DE IOIÔ E TÁ BOTANDO O MESMO OVO HÁ UMA SEMANA!

MARIDO ACIDENTADO
O MÉDICO AVISA:
— SEU MARIDO VAI FICAR BOM. EM APENAS UMA SEMANA ELE JÁ PODE VOLTAR A TRABALHAR.
— MILAGRE! ELE NUNCA TRABALHOU ANTES.

DIREITOS DOS HOMENS
O PROFESSOR PERGUNTA:
— ONDE FOI ASSINADA A DECLARAÇÃO DOS DIREITOS DO HOMEM?
UM DOS ALUNOS RESPONDE:
— FOI ASSINADA EMBAIXO DA DECLARAÇÃO.

TATU ESPERTO
O TATU FALA PARA O AVESTRUZ:
— EU SEI DUAS COISAS QUE VOCÊ NÃO PODE COMER NO CAFÉ DA MANHÃ.
— QUE NADA! EU COMO DE TUDO!
— NÃO, ESSAS DUAS COISAS VOCÊ NÃO PODE COMER NO CAFÉ DA MANHÃ.
— E QUAIS SÃO?
— O ALMOÇO E O JANTAR.

AULA DE LITERATURA
OS ALUNOS ESTAVAM ESTUDANDO POESIA E UM DELES PERGUNTOU:
— PROFESSOR, SE CAMÕES FOSSE VIVO, ELE AINDA SERIA CONSIDERADO UM HOMEM EXTRAORDINÁRIO?
O PROFESSOR RESPONDEU:
— COM CERTEZA!
— POR QUE O SENHOR TEM TANTA CERTEZA?
— PORQUE ELE TERIA MAIS DE 400 ANOS!

MAL-ENTENDIDO
UM RAPAZ COMENTA COM O AMIGO:
— POXA! DESDE QUE EU FIZ 18 ANOS, NÃO FALO COMO MEU PAI.
— QUE CHATO! VOCÊS BRIGARAM FEIO?
— NÃO. É QUE EU FIZ ANIVERSÁRIO ONTEM E ELE VIAJOU ANTEONTEM.

FILHO TAGARELA
DUAS AMIGAS SE ENCONTRAM E UMA PERGUNTA PARA A OUTRA:
— E O SEU FILHINHO? JÁ APRENDEU A FALAR?
— JÁ, SIM. E COMO! AGORA ESTAMOS ENSINADO O MEU FILHO A FICAR CALADO.

PARENTES DESCONHECIDOS
UM GAROTINHO PERGUNTA PARA OUTRO:
— VOCÊ TEM PARENTES POBRES?
— TENHO, MAS NÃO CONHEÇO NENHUM DELES.
— E VOCÊ? TEM PARENTES RICOS?
— TENHO, MAS ELES NÃO ME CONHECEM.

PERGUNTAR NÃO OFENDE
O GAROTO VAI PESCAR COM O PAI E PERGUNTA:
— PAI, COMO OS PEIXES RESPIRAM DEBAIXO D'ÁGUA?
— NÃO SEI, MEU FILHO.
— E POR QUE OS BARCOS NÃO AFUNDAM?
— NÃO SEI, FILHO.
— POR QUE O CÉU É AZUL?
— ISSO EU TAMBÉM NÃO SEI.
— PAI, O SENHOR FICA IRRITADO QUANDO EU FAÇO ESSAS PERGUNTAS?
— CLARO QUE NÃO! SE VOCÊ NÃO PERGUNTAR, NUNCA VAI APRENDER NADA!

GOSTO ESTRANHO
A MENINA PERGUNTA:
— MAMÃE, AZEITONA TEM PERNINHAS?
— NÃO, MINHA FILHA!
— XI! ENTÃO, COMI UM BESOURO!

MAPA-MÚNDI
O MENINO ENTRA EM UMA LOJA E PEDE:
— QUERO UM MAPA-MÚNDI.
— DE QUE TAMANHO?
— SE NÃO FOR MUITO CARO, DO TAMANHO NATURAL.

VELOCIDADE REDUZIDA
UM HOMEM DIRIGIA EM ALTA VELOCIDADE QUANDO SE DEPAROU COM UMA PLACA ESCRITA: "REDUZA A 70 KM!" E DIMINUIU PARA 70. VEIO OUTRA PLACA: "REDUZA A 50 KM". SEM ENTENDER, REDUZIU DE NOVO. OUTRA PLACA: "REDUZA A 30 KM". O HOMEM FICOU BRAVO E REDUZIU. A PLACA SEGUINTE DIZIA: "REDUZA A 10 KM". JÁ COM O CARRO QUASE PARANDO, ELE VIU MAIS UMA PLACA: "BEM-VINDOS A REDUZA!".

MATEMÁTICA
A PROFESSORA PERGUNTA AO JOÃOZINHO:
— SE TIVESSE QUATRO MOSCAS EM CIMA DA MESA E VOCÊ MATASSE UMA, QUANTAS FICARIAM?
— UMA, PROFESSORA.
— SÓ UMA?
— CARO, FICARIA A MOSCA MORTA. AS OUTRAS TRÊS VOARIAM.

NA ESTRADA
UM TURISTA PAROU PARA ABASTECER À BEIRA DA ESTRADA E FOI AVISADO PELO FUNCIONÁRIO DO POSTO:
— O SENHOR É A ÚLTMA PESSOA QUE VAI PAGAR O PREÇO ANTIGO.
ANIMADO, O TURISTA PEDIU PARA ENCHER O TANQUE. NA HORA DE PAGAR, ELE PERGUNTOU:
— E PARA QUANTO SUBIU O COMBUSTÍVEL?
— NÃO SUBIU, NÃO, SENHOR. DESCEU 15%.

AULA DE MATEMÁTICA
A PROFESSORA PERGUNTA PARA O ALUNO:
— TENHO SETE LARANJAS NESTA MÃO E OITO LARANJAS NA OUTRA. O QUE É QUE EU TENHO?
— MÃOS GRANDES!

CONVERSA DE LOUCOS
DOIS LOUCOS SE ENCONTRARAM NO CORREDOR DO HOSPÍCIO:
— EI! O SEU NOME É FERNANDO?
— NÃO.
— O MEU TAMBÉM NÃO!
— ENTÃO, SOMOS XARÁS! TOCA AQUI!

ANIVERSÁRIO
A NAMORADA DO GAGO FAZIA ANIVERSÁRIO.
TOCA O TELEFONE:
— PA-PA-PA-RA-BE-BE-BÉNS PRA VO-VO-VOCÊ. ADIVI-VI-VINHA QUEM TÁ FA-FA-FA-LAN-LANDO!

NO ÔNIBUS
UM RAPAZ ESTAVA SOZINHO DENTRO DE UM ÔNIBUS. QUANDO O ÔNIBUS VIROU A RUA E O SOL PASSOU A BATER NO ROSTO DO RAPAZ, O COBRADOR SUGERIU:
— POR QUE VOCÊ NÃO TROCA DE LUGAR?
E O RAPAZ PERGUNTOU:
— MAS COM QUEM?

A CENTOPEIA
UM HOMEM FOI A UMA LOJA DE ANIMAIS DE ESTIMAÇÃO E PEDIU UM BICHO FORA DO COMUM. O VENDEDOR SUGERIU:
— LEVE UMA CENTOPEIA INTELIGENTE. ELA É CAPAZ DE FAZER TUDO O QUE O SENHOR MANDAR.
O HOMEM ACEITOU A SUGESTÃO.
QUANDO CHEGOU EM CASA, PEDIU QUE A CENTOPEIA TROUXESSE OS CHINELOS. ELA TAMBÉM LIGOU A TV, PREPAROU UM CHÁ E LIMPOU A CASA. O HOMEM PEDIU PARA A CENTOPEIA IR COMPRAR JORNAL. UMA HORA DEPOIS, ELA NÃO VOLTAVA E ELE FOI ATRÁS. ENCONTROU A CENTOPEIA NA PORTA.
— ONDE VOCÊ ANDOU?
— EM LUGAR NENHUM. EU AINDA ESTOU CALÇANDO OS MEUS SAPATOS.

MAL-ENTENDIDO
O GAGO ENTRA NO ÔNIBUS E PERGUNTA AO COBRADOR:
— PO-PO-POR FA-FA-FA-VOR, QUE HO-HO-RAS SÃO?
O COBRADOR NÃO RESPONDE.
— PO-PO-POR FA-FA-FA-VOR, QUE HO-HO-RAS SÃO?
E O COBRADOR CALADO.
DEPOIS DE PERGUNTAR VÁRIAS VEZES, O GAGO SE IRRITA E VAI EMBORA. UM HOMEM QUE ESTAVA OLHANDO PERGUNTOU AO COBRADOR:
— POR QUE VOCÊ NÃO RESPONDEU AS HORAS?
— É POR-POR-PORQUE EU TAM-TAMBÉM SOU GA-GAGO E ELE IA PEN-PENSAR QUE EU TA-TA-TAVA TI-TI-TIRANDO SARRO DE-DE-DELE.

O ESCOTEIRO
UM MENINO RESOLVEU SER ESCOTEIRO. DEPOIS DO PRIMEIRO DIA DE AULA, A MÃE QUIS SABER:
— VOCÊ FEZ UMA BOA AÇÃO HOJE?
— FIZ, MAS ME DEU UM TRABALHO! AJUDEI UMA SENHORA A ATRAVESSAR A RUA.
— MAS ISSO É FÁCIL, MEU FILHO.
— FÁCIL? ELA NÃO QUERIA ATRAVESSAR DE JEITO NENHUM!

ORGULHO DA MAMÃE
UMA MÃE MUITO CORUJA CONTA PARA A AMIGA:
— O MEU FILHINHO ESTÁ ANDANDO HÁ MAIS DE TRÊS MESES.
— NOSSA! A ESSA ALTURA, ELE JÁ DEVE ESTAR BEM LONGE.

BICICLETA NOVA
A GAROTINHA VAI DAR UMA VOLTA NA BICICLETA QUE GANHOU DE ANIVERSÁRIO E FICA EXIBINDO-SE PARA O PAI:
— OLHA, PAI. SEM AS MÃOS!
DÁ MAIS UMA VOLTA E GRITA:
— OLHA, PAI. SEM OS PÉS!
OUTRA VOLTA E PÁ! DÁ DE CARA COM UMA ÁRVORE.
— OLHA, PAI. SEM OS DENTES.

TELEFONEMA MALUCO
O LOUCO LIGA PARA A PADARIA E PERGUNTA:
— O PÃOZINHO JÁ SAIU?
— JÁ, SIM, SENHOR.
— E A QUE HORAS ELE VOLTA?

O ACIDENTE
A TARTARUGA ATROPELA UMA LESMA.
NA DELEGACIA, ELA TENTA EXPLICAR O ACIDENTE:
— NEM SEI COMO FOI. TUDO ACONTECEU TÃO RÁPIDO.

MENINO PRODÍGIO

O PAI TODO ORGULHOSO DE SEU FILHO FALA PARA OS AMIGOS:
— O MEU FILHO CONHECE TODAS AS LETRAS DO ALFABETO. FILHO, DIGA QUAL É A PRIMEIRA LETRA.
— É A LETRA A.
— VIRAM? ESSE MENINO É UM GÊNIO. AGORA, FALE O QUE VEM DEPOIS DA LETRA A.
— DEPOIS DO A VÊM AS OUTRAS...

O SAFÁRI

NA ÁFRICA, UM GRUPO DE TURISTAS CONTRATOU UM GUIA GAGO PARA FAZER UM PASSEIO. DE REPENTE, O GUIA ENCOSTA O OUVIDO NO CHÃO E COMEÇA A GRITAR:
— HIP... HIP...
OS ALEGRES TURISTAS GRITAM:
— HURRA!
O GUIA GAGO REPETE:
—HIP... HIP...
E OS TURISTAS ANIMADOS:
— HURRA!
EM SEGUIDA, O GUIA SAI CORRENDO DESESPERADO E OS TURISTAS SÃO ATROPELADOS POR VÁRIOS HIPOPÓTAMOS.

VENDEDOR COM GAGUEIRA

O GAGO FOI TRABALHAR COMO VENDEDOR DE BÍBLIA. LOGO NA PRIMEIRA SEMANA, VENDEU 100 BÍBLIAS. O GERENTE FICOU ESPANTADO E PERGUNTOU AO GAGO COMO ELE CONSEGUIA VENDER TANTO.

— É-É MUITO-TO FÁ-FÁ-FÁCIL! EU CHE-CHEGO E DI-DIGO: "A SENHORA QUER COM-COM-COMPRAR ESSA BI-BI-BIBLIA OU VAI QUERER QUE E-E-EU LE-LE-LEIA PARA A SE-SENHORA?".

PIADAS NA SELVA

DEPOIS DE UMA GRANDE SECA, FALTOU COMIDA NA SELVA.
O LEÃO ORDENOU QUE FOSSE FEITO UM CONCURSO DE PIADAS. QUEM CONTASSE UMA PIADA E NÃO FIZESSE TODOS OS ANIMAIS RIREM, SERIA DEVORADO. O LEOPARDO COMEÇOU: CONTOU UMA PIADA E TODOS RIRAM, MENOS A HIENA, E ELE FOI DEVORADO. DEPOIS FOI A VEZ DO LOBO. TODOS RIRAM, MENOS A HIENA. O LOBO FOI SACRIFICADO. A ZEBRA, ENTÃO, CONTOU UMA PIADA MUITO ENGRAÇADA. MAS A HIENA NÃO RIU E A ZEBRA FOI DEVORADA. DE REPENTE, A HIENA DÁ UMA GARGALHADA:

— RÁ-RÁ-RÁ-RÁÁÁÁÁÁ! ESSA PIADA DO LEOPARDO É ÓTIMA!

A BARRIGA
O MENINO PERGUNTA A UMA MULHER GRÁVIDA:
— O QUE É QUE A SENHORA TEM NA BARRIGA QUE ESTÁ TÃO GRANDE?
A MULHER, MUITO ATENCIOSA:
— TENHO O MEU FILHINHO, QUE EU AMO TANTO.
E O MENINO:
— UÉ, SE AMA TANTO, POR QUE É QUE A SENHORA O ENGOLIU?

CENOURA SOLTEIRA
O CENOURO DISSE PARA A CENOURA:
— CENOURA!
E ELA RESPONDEU:
— CENOURA NÃO, CENOURITA.

ENGANO NA FAZENDA
UM RAPAZ DA CIDADE GRANDE, EM VISITA À FAZENDA, CHEGA AO CURRAL E SUSSURRA AO OUVIDO DA VACA:
— TENHO UMA SURPRESA PARA VOCÊ. HOJE, SOU EU QUEM VAI TIRAR O SEU LEITE.
— EU TAMBÉM TENHO UMA SURPRESA PARA VOCÊ. EU SOU O BOI.

QUEM ESTÁ EM CASA?

O TELEFONE TOCA E O MENINO DE 2 ANOS ATENDE. A PESSOA DO OUTRO LADO PERCEBE QUE É UMA CRIANÇA E FALA:
— TEM OUTRA PESSOA EM CASA?
— TEM.
— VOCÊ PODE PEDIR PARA ELA ATENDER AO TELEFONE?
— POSSO. ESPERA UM POUCO.
UM TEMPO DEPOIS, O MENINO FALA:
— A MARIAZINHA NÃO PODE VIR NÃO. É QUE EU NÃO CONSEGUI TIRAR ELA DO BERÇO.

NA ENFERMARIA

NA HORA DO RECREIO, DOIS GAROTOS VÃO ATÉ A ENFERMARIA DA ESCOLA:
— O QUE ACONTECEU?, PERGUNTA A ENFERMEIRA.
— É QUE EU ENGOLI UMA BOLA DE GUDE, DIZ UM DOS MENINOS.
— E VOCÊ?, A ENFERMEIRA PERGUNTA AO OUTRO.
— A BOLA É MINHA. ESTOU ESPERANDO POR ELA.

FESTA NO CÉU

OS BICHOS FIZERAM UMA FESTA NO CÉU.
QUANDO O BAILE IA COMEÇAR, DESCOBRIRAM QUE FALTAVA A GUITARRA. O LEÃO ORDENOU:
— BICHO-PREGUIÇA!, VÁ BUSCAR A GUITARRA LÁ NA TERRA!
UMA SEMANA SE PASSOU E NADA DO BICHO VOLTAR.
OS ANIMAIS FORAM RECLAMAR COM O LEÃO:
— ISSO JÁ É DEMAIS! QUE FALTA DE CONSIDERAÇÃO!, DISSE A GIRAFA.
— O BICHO-PREGUIÇA PASSOU DOS LIMITES!, FALOU O TATU.
E FICARAM NUMA DISCUSSÃO QUANDO, DE REPENTE, A PORTA SE ABRIU E SURGIU O BICHO-PREGUIÇA MUITO TRISTE:
— SE VOCÊS CONTINUAREM FALANDO MAL DE MIM, EU NÃO VOU MAIS!

NO ZOOLÓGICO

A MULHER PERGUNTOU AO GAGO:
— VOCÊ GOSTA DE FOFOCA?
— N-NÃO EU PRE-PREFIRO PIN-PINGUIM.

ADIVINHAÇÃO
NO JARDIM DE INFÂNCIA, A PROFESSORA CERCADA DE MENINOS E MENINAS FAZENDO A MAIOR ALGAZARRA É CUTUCADA POR UM DELES:
— PROFESSORA, ADIVINHA O QUE ACONTECEU COM O JOÃOZINHO, O ESTILINGUE DELE E OS VIDROS DA JANELA DA SECRETARIA!

RESPOSTA DISTRAÍDA
O PAI ESTAVA CONCENTRADO ASSISTINDO AO SEU PROGRAMA DE TELEVISÃO FAVORITO, QUANDO O FILHO, QUE FAZIA O DEVER DE CASA, PERGUNTOU:
— PAPAI, ONDE ESTÃO OS ALPES SUÍÇOS?
— PERGUNTE À SUA MÃE. ELA É QUEM GUARDA TUDO NESTA CASA.

PRIMEIRA AULA
O MENINO VOLTOU DE SEU PRIMEIRO DIA DE AULA E O PAI QUIS SABER COMO TINHA SIDO.
O FILHO RESPONDEU IRRITADO:
— NÃO VOLTO MAIS LÁ.
— POR QUE, MEU FILHO?
— NÃO SEI LER, NÃO SEI ESCREVER E NÃO ME DEIXAM FALAR DE JEITO NENHUM. O QUE É QUE VOU FAZER LÁ?

MAIS SOBRE ELEFANTE
O ALUNO PERGUNTA PARA A PROFESSORA:
— PROFESSORA, O QUE É UM ELEFANTE EM CIMA DE UMA ÁRVORE?
— NÃO TENHO IDEIA.
— É UM ELEFANTE A MENOS NA TERRA. E O QUE SÃO DOIS ELEFANTES EM CIMA DE UMA ÁRVORE?
— ORAS, SÃO DOIS A MENOS NA TERRA?
— NÃO. É UM A MAIS NA ÁRVORE.

O CAIPIRA NA RODOVIÁRIA
O CAIPIRA VAI À RODOVIÁRIA PARA COMPRAR PASSAGEM:
— QUERO UMA PASSAGEM PARA O ESBUI.
— NÃO ENTENDI, O SENHOR PODE REPETIR?
— QUERO UMA PASSAGEM PARA O ESBUI!
— SINTO MUITO, SENHOR, NÃO TEMOS PASSAGEM PARA O ESBUI.
CHATEADO, O CAIPIRA AFASTA-SE DO GUICHÊ, APROXIMA-SE DO AMIGO QUE ESPERA DE LONGE E LAMENTA:
— OLHA, ESBUI, O HOMEM FALOU QUE PRA VOCÊ NÃO TEM PASSAGEM, NÃO!

DESORDEM
O GAROTO ENTRA NO SEU QUARTO E ENCONTRA TUDO LIMPO E ARRUMADO.
MAS NÃO GOSTA NEM UM POUCO:
— QUERO SABER QUEM ANDOU FAZENDO BAGUNÇA NO MEU QUARTO!

ALUNO GAGO
O PAI LEVA O FILHO GAGO PARA O PRIMEIRO DIA DE AULA NA ESCOLA. O DIRETOR PERGUNTA:
— O SEU FILHO GAGUEJA SEMPRE?
— NÃO, SENHOR. SÓ QUANDO FALA.

NOVIDADE
A MÃE CHEGA EM CASA E O FILHO CORRE PARA CONTAR AS NOVIDADES:
— MÃE, SABE O NOSSO CACHORRO, O BOLÃO? ELE PASSOU O DIA BRINCANDO NA LAMA E FICOU TODO LAMBUZADO. ADIVINHE SÓ O QUE ACONTECEU QUANDO ELE ENTROU NO SEU QUARTO E SUBIU NA SUA CAMA FORRADA COM OS COBERTORES DE SEDA BRANCA!

LIÇÃO DE CASA
A PROFESSORA ESTÁ RECOLHENDO A LIÇÃO DE CASA E DIZ PARA O ALUNO:
— TODOS OS SEUS COLEGAS FIZERAM UMA REDAÇÃO COM MAIS DE TRÊS PÁGINAS SOBRE O LEITE E VOCÊ SÓ ESCREVEU CINCO LINHAS?
— É QUE EU ESCREVI SOBRE O LEITE CONDENSADO, PROFESSORA.

NA ESCOLA
A PROFESSORA PERGUNTA AO ALUNO:
— ONDE SÃO ENCONTRADOS OS ELEFANTES?
ELE PENSA UM POUCO E RESPONDE:
— ELES SÃO BICHOS TÃO GRANDES QUE ACHO IMPOSSÍVEL ALGUÉM PERDER UM.

GRAMÁTICA
O ALUNINHO DO PRÉ-PRIMÁRIO AVISA A PROFESSORA:
— EU NÃO TEM LÁPIS, POFESSOLA!
— NÃO É ASSIM QUE SE FALA. O CERTO E "EU NÃO TENHO LÁPIS", "TU NÃO TENS LÁPIS", "ELE NÃO TEM LÁPIS", "NÓS NÃO TEMOS LÁPIS", "VÓS NÃO TENDES LÁPIS" E "ELES NÃO TÊM LÁPIS", ENTENDEU?
— NÃO! ONDE É QUE FORAM PARAR TODOS ESSES LÁPIS?

O CAIPIRA E A TV
O CAIPIRA ESTAVA TRANQUILO, DEITADO NA SALA ASSISTINDO À TELEVISÃO, QUANDO O SEU COMPADRE PASSOU E ACENOU PELA JANELA:
— BOM DIA, COMPADRE... FIRME?
— NÃO. POR ENQUANTO TÁ PASSANDO FUTEBOR...

QUADROS REALISTAS
DOIS AMIGOS CONVERSAM NA RUA:
— NA MINHA CASA TEM UM QUADRO DE UM CACHO DE UVAS TÃO BEM PINTADO QUE OS PÁSSAROS CHEGAM A VIR BICÁ-LO.
— POIS EU TENHO UM QUADRO AINDA MELHOR. ELE REPRESENTA UM CÃO TÃO PERFEITO QUE AS AUTORIDADES ME OBRIGAM A VACINÁ-LO.

POBRE HOMEM
DEPOIS DE SER A MAIOR ATRAÇÃO DO ZOOLÓGICO DURANTE 20 ANOS, O ELEFANTE MORRE. AO LADO DELE, UM HOMEM CHORA SEM PARAR.
UMA MULHER QUE ESTAVA PASSANDO DIZ:
— COITADO! AQUELE DEVE SER O HOMEM QUE CUIDAVA DO ELEFANTE. ELE DEVIA GOSTAR MUITO DELE.
E O MARIDO DA MULHER RESPONDE:
— QUE NADA! ESSE É O HOMEM QUE TEM QUE CAVAR A COVA PARA ENTERRAR O ELEFANTE!

ALIMENTAÇÃO SAUDÁVEL
A PROFESSORA EXPLICA:
— PARA TERMOS UMA ALIMENTAÇÃO SAUDÁVEL, É IMPORTANTE SABERMOS O VALOR NUTRITIVO DOS ALIMENTOS. POR EXEMPLO, O PÃO É UM ALIMENTO QUE ENGORDA.
UM DOS ALUNOS NÃO CONCORDA:
— ISSO ESTÁ ERRADO, PROFESSORA. O PÃO NÃO ENGORDA. QUEM COME O PÃO É QUE ENGORDA.

OS PEIXINHOS
NO MATERNAL, UMA MENINA CHEGA CORRENDO E AVISA:
— PROFESSORA, TEM UMA GAROTINHA OLHANDO OS PEIXINHOS LÁ NO TANQUE DO PARQUE.
A PROFESSORA FALA:
— TUDO BEM, OLHAR OS PEIXINHOS NÃO TEM PROBLEMA.
— MAS, PROFESSORA, É MELHOR A SENHORA IR LOGO, PORQUE ELA ESTÁ DEBAIXO DA ÁGUA, JUNTO COM OS PEIXES.

O SÍTIO

O CAIPIRA COMPROU UM SÍTIO EM UM GRANDE MATAGAL. COMEÇOU A TRABALHAR SOZINHO: CARPIU, AROU, CONSTRUIU UM GALINHEIRO, UM POMAR, FEZ A HORTA E UMA LINDA CASINHA. UM DIA, O PADRE APARECEU NO SÍTIO DO CAIPIRA E COMENTOU:
— QUE BELO TRABALHO VOCÊS FIZERAM AQUI!
— "OCEIS"?, PERGUNTOU O CAIPIRA.
— SIM, VOCÊ E DEUS!
— É VERDADE! MAS O SINHÔ PRECISAVA VÊ COMO ISSO TAVA NA ÉPOCA QUE ELE CUIDAVA SOZINHO!

NA ESCOLA

A PROFESSORA PERGUNTA AO ALUNO:
— ONDE SÃO ENCONTRADOS OS ELEFANTES?
ELE PENSA UM POUCO E RESPONDE:
—ELES SÃO BICHOS TÃO GRANDES QUE ACHO IMPOSSÍVEL ALGUÉM PERDER UM.

BOM COMPORTAMENTO

O MENINO CHEGA DE UMA FESTA DE ANIVERSÁRIO E AVISA A MÃE:
— TENHO UMA BOA NOTÍCIA! SABE AQUELES 10 REAIS QUE A SENHORA PROMETEU SE EU ME COMPORTASSE COMO UM ANJINHO NA FESTA? ENTÃO, A SENHORA ACABA DE ECONOMIZAR ESSE DINHEIRO.

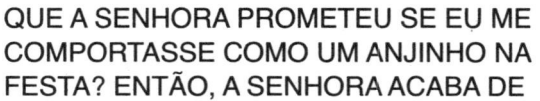

FILHO CURIOSO
O GAROTO PERGUNTA PARA A MÃE:
— MAMÃE, POR QUE TODO DIA A SENHORA PENTEIA O CABELO E PASSA BATOM?
— AH, MEU FILHO, É PARA FICAR MAIS BONITA.
— E POR QUE É QUE A SENHORA NÃO FICA?

PISCA-PISCA DO CARRO
O RAPAZ FOI VERIFICAR SE A LÂMPADA DO PISCA-PISCA TRASEIRO DO CARRO ESTAVA QUEIMADA E PEDIU A AJUDA DA NAMORADA. ELA FOI ATRÁS DO CARRO E O NAMORADO PERGUNTOU:
— ESTÁ FUNCIONANDO?
— ESTÁ. NÃO ESTÁ. ESTÁ. NÃO ESTÁ...

O ELEFANTE
UM GAROTO PERGUNTA PARA O OUTRO:
— VOCÊ JÁ VIU UM ELEFANTE ESCONDIDO ATRÁS DE UMA ÁRVORE?
— NÃO.
— VIU COMO ELE SE ESCONDE BEM?

GATO SABIDO

UM HOMEM NÃO QUERIA MAIS O GATO QUE TINHA. COLOCOU O GATO NO CARRO, LEVOU PARA LONGE E SOLTOU NA RUA.
QUANDO CHEGOU EM CASA, O GATO ESTAVA DEITADO NO SOFÁ. PEGOU O GATO E LEVOU DE NOVO, DESTA VEZ PARA UM LUGAR MAIS LONGE. QUANDO VOLTOU, LÁ ESTAVA ELE NO SOFÁ. IRRITADO LEVOU O BICHANO EMBORA PARA UM LUGAR MUITO LONGE. DUAS HORAS DEPOIS, O HOMEM TELEFONA PRA CASA:
— O GATO VOLTOU?
— VOLTOU. ESTÁ AQUI.
— PÕE ELE NO TELEFONE PARA ME EXPLICAR O CAMINHO DE CASA, PORQUE ESTOU PERDIDO!

TELEFONEMA

A MÃE ESTÁ OCUPADA RECEBENDO A VISITA DE UMA VELHA AMIGA. O TELEFONE TOCA E A MÃE PEDE PARA O FILHO ATENDER.
O MENINO ATENDE E AVISA BEM ALTO:
— MAMÃE, É O PAPAI! ELE QUER SABER SE JÁ PODE VOLTAR PRA CASA OU SE A DONA MAROCAS FOFOQUEIRA AINDA ESTÁ AQUI.

O FOTÓGRAFO
A MENINA PERGUNTOU PARA A MÃE:
— MAMÃE, A SENHORA SABE QUAL É O SEGREDO DO FOTÓGRAFO?
— EU NÃO. QUAL É?
— QUANDO ELE REVELAR, EU TE CONTO.

PROFISSÕES
TRÊS HOMENS ESTAVAM DISCUTINDO QUAL ERA A PROFISSÃO MAIS ANTIGA
QUE EXISTE. O MARCENEIRO FALOU:
— QUEM VOCÊS ACHAM QUE FEZ A ARCÁ DE NOÉ?
O JARDINEIRO DISSE:
— E QUEM VOCÊS ACHAM QUE REGOU O JARDIM DO ÉDEN?
FOI QUANDO CHEGOU A VEZ DO ELETRICISTA:
— QUANDO DEUS DISSE "FAÇA-SE A LUZ", QUEM VOCÊS PENSAM QUE PASSOU A FIAÇÃO?

A MOSCA NA SOPA
O FREGUÊS RECLAMA:
— GARÇOM, TEM UMA MOSCA NA MINHA SOPA! O QUE SIGNIFICA ISSO?
O GARÇOM RESPONDE:
— SINTO MUITO! EU SOU PAGO PARA SERVIR COMIDA, NÃO PARA ADIVINHAR O FUTURO.

AULA DE BOAS MANEIRAS
A PROFESSORA PERGUNTA PARA UM DOS ALUNOS:
— IMAGINE QUE SOMOS CONVIDADOS PARA ALMOÇAR NA CASA DE UM AMIGO. DEPOIS QUE ACABOU O ALMOÇO, O QUE DEVEMOS DIZER?
O ALUNO RESPONDE:
— CADÊ A SOBREMESA?

MAMÃE CANGURU
O CANGURU ESTAVA SALTANDO QUANDO PAROU E COÇOU A BOLSA. CONTINUOU SALTANDO, FRANZIU A TESTA E COÇOU A BOLSA. NA TERCEIRA VEZ, PUXOU O FILHOTE DE DENTRO DA BOLSA E DISSE:
— JÁ FALEI QUE NÃO É PRA VOCÊ COMER BOLACHA NA CAMA!

BARATAS
UM HOMEM FOI AO SUPERMERCADO E PEDIU UM QUILO DE NAFTALINA. DEPOIS DE MEIA HORA, ELE VOLTOU E PEDIU MAIS CINCO QUILOS. UMA HORA DEPOIS, COMPROU MAIS DEZ QUILOS DE NAFTALINA.
O CAIXA NÃO AGUENTOU A CURIOSDADE:
— PARA QUE TANTA NAFTALINA? UM PACOTE JÁ SERIA MUITO!
— BEM, EU NÃO TENHO BOA PONTARIA PARA ACERTAR AS BARATAS.

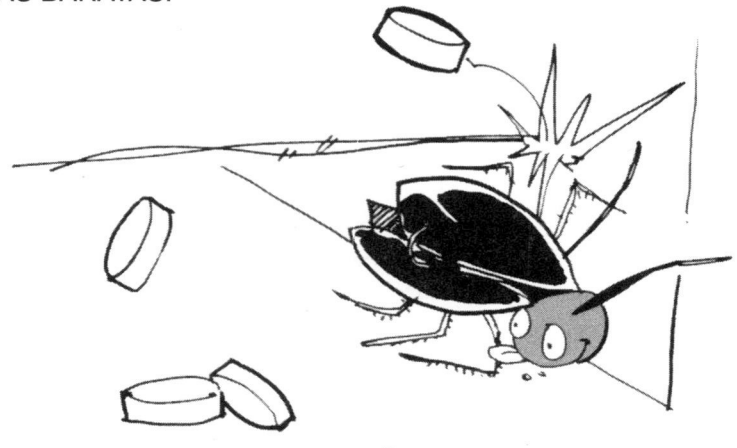

NO TREM
UMA MULHER DESCE DO TREM E UM PASSAGEIRO AVISA:
— A SENHORA ESQUECEU UM PACOTE NO ASSENTO.
— EU SEI.
— MAS A SENHORA NÃO VAI LEVAR O PACOTE?
— NÃO. É UM SANDUÍCHE QUE ESTOU DEIXANDO PARA O MEU FILHO. ELE TRABALHA NA SEÇÃO DE "ACHADOS E PERDIDOS".

NO TELEFONE
UM HOMEM LIGOU PARA O HOSPÍCIO.
QUANDO ATENDERAM, ELE PERGUNTOU:
— ALÔ, É DO HOSPÍCIO?
E O LOUCO RESPONDEU:
— NÃO, AQUI NEM TEM TELEFONE.

NA BIBLIOTECA
UM LADRÃO CHEGA NA BIBLIOTECA E DIZ:
— A BOLSA OU A VIDA!
A BIBLIOTECÁRIA PERGUNTA:
— QUAL É O AUTOR?

A VISITA
A MÃE ESTAVA RECEBENDO A VISITA DE UMA AMIGA E O FILHO MAIS NOVO ESTAVA SENTADO, OUVINDO A CONVERSA. A VISITA COMENTOU:
— QUE GRACINHA! VOCÊ É SEMPRE ASSIM TÃO BEM-COMPORTADO?
— NÃO, SENHORA. É QUE A MAMÃE ME PAGA UM SORVETE QUANDO EU FICO QUIETO EM DIA DE VISITA.

A REUNIÃO
O MENINO AVISA AO PAI:
—AMANHÃ TEM REUNIÃO DA ASSOCIAÇÃO DE PAIS E PROFESSORES. SÓ QUE ESSA SERÁ DIFERENTE: SÓ PRECISAM IR O SENHOR, MINHA PROFESSORA E A DIRETORA DA ESCOLA.

FRANGO MALPASSADO
O RAPAZ VAI A UM RESTAURANTE E PEDE UM FRANGO. A COMIDA VEM E LOGO DEPOIS ELE CHAMA O GARÇOM PARA RECLAMAR:
— ESTE FRANGO ESTÁ MALPASSADO!
E O GARÇOM PERGUNTA:
— COMO É QUE O SENHOR SABE DISSO SE NEM TOCOU NO FRANGO?
— É QUE ELE COMEU TODO O MILHO DA MINHA SALADA.

A COBRANÇA

O DONO DO MERCADINHO FOI ATÉ A CASA DE UM FREGUÊS PARA RECEBER A CONTA. UM MENINO VEIO ATENDER À PORTA.

— VOCÊ PODE CHAMAR O SEU PAI?, PEDIU O COMERCIANTE.
— MEU PAI NÃO ESTÁ, RESPONDEU O MENINO.
— COMO NÃO ESTÁ? EU O VI NA JANELA QUANDO CHEGUEI!
— É, ELE TAMBÉM VIU O SENHOR E, POR ISSO, DESAPARECEU.

PEDREIROS PERDIDOS

DOIS PEDREIROS BRASILEIROS FORAM CONTRATADOS PARA CONSTRUIR UMA CASA NOS ESTADOS UNIDOS. DURANTE A VIAGEM HOUVE UM PROBLEMA NO AVIÃO E O PILOTO TEVE DE ATERRISSAR NO DESERTO.
QUANDO OS PEDREIROS AVISTARAM A PAISAGEM COM TODA AQUELA AREIA, UM DELES FALOU:
— VIXI! A HORA QUE CHEGAR O CIMENTO, A GENTE ESTÁ PERDIDO.

A NATUREZA É SÁBIA

A PROFESSORA EXPLICA PARA OS ALUNOS:
— A NATUREZA SEMPRE DÁ UMA COMPENSAÇÃO. SE UMA PESSOA PERDE A VISÃO DE UM OLHO, O OUTRO PASSA A ENXERGAR MUITO MAIS. SE DEIXA DE OUVIR DE UM OUVIDO, A AUDIÇÃO DO OUTRO MELHORA.
UM ALUNO CONCORDA:
— A SENHORA TEM RAZÃO. EU JÁ PERCEBI QUE, QUANDO UM HOMEM TEM UMA PERNA MAIS CURTA, A OUTRA PERNA SEMPRE É MAIS COMPRIDA.

A MORTADELA

HAVIA UM MENINO CHAMADO JESUS QUE SÓ SAÍA ACOMPANHADO DE SUA MÃE. UM DIA, A MÃE DELE ESTAVA OCUPADA E PEDIU PARA JESUS BUSCAR MORTADELA NA PADARIA.
— MAS, MÃE, ONDE É A PADARIA?
— ONDE TIVER MAIS GENTE NA PORTA VOCÊ PODE ENTRAR QUE É A PADARIA.
O MENINO VIU A IGREJA CHEIA E ACHOU QUE FOSSE ALI. ENTROU E OUVIU O PADRE PERGUNTAR:
— O QUE JESUS VEIO FAZER AQUI NA TERRA? E JESUS RESPONDEU BEM ALTO:
— COMPRAR MORTADELA!